KB047417

# 마케터블

# Marketable Marketer-able 마케터블 Marketer's bible

디지털 시대를 리드하는
마케터의 DNA

진민규 지음

북스톤

# "어떻게 해야 디지털 마케팅을 잘할 수 있나요?"

18년 동안 마케터로 일하면서 가장 많이 받은 질문일 겁니다. 제일기획의 디지털 콘텐츠 기획자, 구글 코리아의 광고세일즈 담당자, 라이엇게임즈 코리아와 아마존 글로벌셀링 코리아의 인하우스 마케터, 현재 LG디스플레이의 OLED 글로벌 마케팅 총괄까지, 디지털 마케팅의 전 영역을 담당해온 저로서도 답하기 어려운 질문입니다. 저 역시 시행착오를 거듭하며 답을 찾아가는 중이니까요.

디지털 마케팅이라고 하면 단순히 관리해야 할 마케팅 채널 중 하나로 보거나, 광고 매체의 수가 늘었다고 여기거나, 남들 다 하니까, 사람들이 온라인에서 많은 시간을 보내니까, 그게 유행이라는데 우리도 해야지 하는 식으로 생각하기 쉽지요. 틀린 말은 아니지만, 그렇게만 생각하면 틀렸습니다. 디지털은 기업, 마케팅, 소비자를 변화시켰고, 이들의 관계를 긴밀하고 깊게, 그래서 때로는 복잡하게 바꿔놓았기 때문입니다. 일시적인 게 아니라, 본질적인 변화입니다. 디지털 환경 하에서는 우리 회사가 앞으로 어떻게 나아가야 할까, 이번 분기 마케팅은 어떻게 진행해야 할까, 소비자들은 무엇을 어디서 살까 등 각기 다른 질문을 동시에, 한 번에, 연결해서 생각해야 합니다. 사람들이 디지털 세계가 가져다 줄 무한한 변화를 기대하는 것만큼 디지털 마케팅, 디지털 마케터의 일도 확장하고 진화할 것입니다.

실제로 디지털은 마케터의 삶과, 마케팅 산업 전반을 바꿨습니다. 그런 점에서 이 책은 엄밀히 따지면 마케터에서 디지털 마케터로의 변화에 관한 이야기이기도 합니다. 제가 처음 디지털 마케팅 업무를 해야겠다고 생각한 건 2007년이었는데요, 그때 저는 제일기획 4년 차, 막 대리로 진급한 KT의 광고기획자AE였습니다. 당시만 해도 TV, 신문 광고가 주류였고, 앞서가는 일부 기업만이 디지털 중심의 캠페인을 조금씩 선보였습니다. 삼성전자가 이효리가 등장하는 〈애니모션〉이라는 뮤직비디오 형식의 CF를 제작, 인터넷에

선보이기도 했죠. 저도 당시 처음으로 (TV 광고를 하기에는 예산이 부족해서) 'W브라더스'라는 디지털 캠페인을 기획하면서 디지털에 미래가 있다고 생각했습니다. 돌이켜보면 개인에겐 까마득한 긴 시간이지만, 산업 전반으로 보면 비교적 짧은 시간에 빠르게, 많이 변했습니다. 이에 대한 자세한 이야기, 앞으로의 변화에 대해 Part 1에서 다뤘습니다. 우리가 변화의 어느 시점, 어느 지점에 와있는지 꼭 한번 짚고 싶었습니다. 그래야 다음 변화도 알 수 있을 테니까요.

끊임없는 변화와 그에 대처하는 일이 아드레날린을 솟구치게 하지만 한편으론 매번 그렇게 할 수 있을까, 잘해낼 수 있을까, 두렵기도 한 게 우리 디지털 마케터의 마음일 것입니다. 빠르게 변하는 디지털 환경의 속성에 한국의 빨리빨리 문화가 더해지거나, 범위까지 글로벌로 커지면 그 파장이 엄청나 쉽게 지치기도 하고요. 저 또한 그런 적이 있었고, 앞으로도 때론 그럴지도 모르지만 두렵지는 않습니다. 디지털 기술이 가져다준 무기를 체화하고(Part 2), 내가 서있는 시간과 장소에 맞게 마케터로서의 아이덴티티를 생각하고 행동한다면(Part 3) 마냥 어려운 일만은 아니기 때문입니다. 제가 해온 일을 가감없이 들려드리되, 현 직장인 LG디스플레이에서의 근무 기간은 아직 짧아 이전 직장에서의 경험들 위주로 집필했습니다. 저의 경험이 부족한 부분은 다른 분들을 모셔 보강했습니다(Part 4). 이를 통해 디지털 마케터로서의 커리어맵을, 'Skill up'을 통해선 구체적인 계획을 세워보시길 바랍니다.

한 가지 당부하고 싶은 것은 디지털 시대라고 해서 마케팅 업무의 본질이 바뀐 것은 아니라는 사실입니다. 소비자를 잘 이해하고, 대변해 제품을 기획하고, 브랜드와 제품의 장점을 매력적으로 전달해야 합니다. 고객과 브랜드에 대한 무한한 애정을 바탕으로 디지털 기술을 활용해 매출에 기여하는 것. 본질은 지키되 디지털 시대라서 더 중요하고 더 잘할 수 있는 디지털 마케터의 일이 바로 마케터블한 마케팅, 마케터블한 마케터의 일이라는 사실을 기억해주세요. 디지털 마케터 분들이 오래, 잘, 즐겁게 일하는 데 이 책이 도움이 되길 바랍니다.

차례

## Part 3
## 마케터블한 마케터는 어떤 사람일까



## Part 4
## 디지털 마케터가 늘 새로운 길을 만든다

# Part 1

# 디지털 마케터는
# 늘 새로운 세상을 산다

이제 어떤 마케팅 활동도
디지털과 관련 없이 100% 오프라인으로만
진행되는 경우는 없습니다.

# 마케터의 하루는 디지털로 시작해 디지털로 끝난다

화장품, 휴대폰 케이스, 라면, 김, 심지어 여러 언론에 소개된 호미와 갓까지, 전 세계 소비자들은 아마존Amazon을 통해 다양한 한국 제품을 구매합니다. 그 인기도 나날이 높아지고 있고요. 익숙한 이야기겠지만 사실 오래된 이야기는 아닙니다. 이는 2015년 아마존 글로벌셀링이라는 사업부가 한국에 법인을 세우고, 한국의 기업들을 지원하면서부터 시작됐기 때문입니다. 이 일에 앞장섰던 아마존 코리아 마케팅팀은 한국의 기업인, 해외 영업 담당자, 창업가를 만나 미국, 일본, 유럽, 싱가포르 등지의 소비자에게 직접 상품을 판매하는 기회를 널리 알리고, 아마존에 쉽게 입점하도록 도왔습니다. 2017년 말부터 아마존 글로벌셀링 코리아 마케팅팀을 맡아 제가 한 일이기도 했습니다. 그때의 경험을 바탕으로 좀 더 구체적으로 디지털 마케터의 하루를 이야기해보겠습니다.

월요일 아침, 아마존 글로벌셀링 코리아 마케팅팀은 주간 미팅으로 한 주를 시작했습니다. 지난주의 성과를 요약한 디지털 대시보드dashboard를 리뷰하면서요. 아마존 코리아의 디지털 대시보드에는 중요 키워드들의 주간 검색량, 웹사이트 순방문자수, 셀러 등록을 시작한 사람들의 수, 소셜미디어 채널별 콘텐츠 조회수 등 중요 지표들이 있습니다. 각 지표들의 전년 대비 증가율, 주간 목표 달성률 등 마케팅팀의 성과를 알 수 있는 지표도 주별로 빼곡하게 정리돼 있고요. 보통은 페이스북 광고, 구글 검색 광고 등 디지털 마케팅이 이 지표에 가장 큰 영향을 줍니다. 언론 홍보, 유튜버 협업, 정부기관과 개최한 아마존 진출 설명회, 아마존 셀러 커뮤니티에서의 활동 등 다양한 활동들 역시 중요한 변수입니다. 지난주 팀에서 진행했던 이런 업무들이 지표에 어떤 영향을 줬는지 논의합니다.

만약 우리가 진행한 업무가 특정 지표에 별다른 영향을 주지 못하고, 지속적으로 목표를 달성하지 못하고 있다면 원인과 개선책,

담당자 및 진행 일정을 논의합니다. 팀의 연간, 월간 계획 역시 같이 살펴보며 지연되고 있는 프로젝트를 챙기고요. 원래 계획에 없었지만 경영진 요청으로 추가되었거나, 마케팅팀에서 제안해 새롭게 진행할 프로젝트 아이디어를 논의하기도 합니다. 아마존은 이렇게 연간 목표, 분기별 목표, 주간 목표를 세우고 매주 팀, 본부 단위로 지표를 리뷰합니다. 문제가 생기면 빠르게 대안을 검토하는 업무 프로세스를 전 세계의 모든 아마존 조직에서 실행하고 있고, 마케팅팀도 예외는 아닙니다.

마케팅팀의 주간 회의가 끝나면 다른 팀과의 회의가 이어집니다. 마케팅의 업무 특성상 단독으로 하는 일은 거의 없습니다. 셀러 입점을 담당하는 팀과 그간 성과를 체크하고 광고를 어떻게 개선할지 논의하거나, 아시아 홍보팀과 신문 인터뷰나 방송사와의 다큐멘터리 제작에 관해 의견을 나눕니다. 전사적으로 추진하는 컨퍼런스를 준비할 때는 내부 미팅뿐 아니라, 유튜버와의 콘텐츠 협업 논의 등 외부 미팅도 계속 이어집니다.

마케터들이 하루 종일 회의만 하는 건 아닙니다. 웹사이트와 언론 배포용 보도자료, 소셜미디어 콘텐츠, 이메일 뉴스레터, 컨퍼런스 발표 자료, 리플릿 등 소비자가 접할 수많은 콘텐츠들을 직접 작성하거나 대행사에 요청합니다. 최종 결과물도 검수하고, 필요하면 광고 카피도 새로 써야 합니다. 컨퍼런스 등 오프라인 행사가 문제없이 진행되도록 운영 매뉴얼을 만들고, 수차례 리허설을 진행하고, 행사 당일에는 현장에서 이리저리 뛰어다닙니다.

디지털 시대 마케터가 일하는 모습이 그려지시나요? 제가 몸담았던 아마존 코리아 마케팅팀의 업무 풍경은 이렇지만, 기업마다 조금씩 다를 겁니다. 아마존 코리아나 스타트업처럼 디지털 마케팅에 집중하는 기업도 있는가 하면, 대기업은 업무를 좀 더 세분화하기도 합니다. 디지털 마케팅팀, 전통적인 TV 광고 등을 담당하는 팀, 이벤트 마케팅팀 등으로 분리돼 있지요.

중요한 사실은, 이제 어떤 마케팅 활동도 디지털과 관련 없이 100% 오프라인으로만 진행하는 경우는 없다는 것입니다. TV 광고도 유튜브 등에서 동시 집행하는 게 상식입니다. 대표적인 오프라인 B2B 마케팅인 컨퍼런스만 하더라도 컨퍼런스 참석자 모집 광고, 참석자 대상 후속 CRM 등은 모두 디지털로 진행해, 컨퍼런스가 실제로 영업에 얼마나 도움이 되었는지 측정합니다. 최근에는 컨퍼런스 자체도 코로나로 인해 디지털로 전환되고 있고요.

디지털 환경을 이해하고 활용하는 능력은 디지털 시대를 살아가는 마케터의 기본 역량입니다. 자연스럽게 사용하고 있던 디지털 환경을 낯설게 바라보고, 전략적으로 사용해보세요. 기업의 목표를 달성할 수 있도록 자신만의 연간, 분기별, 주간 목표를 세우고 리뷰하며 속도와 에너지를 조절해보세요. 자신이 한 마케팅 활동의 영향력과 효과를 찾으세요. 자신만의 데이터를 확보하고, 그 속에 있는 의미와 인사이트를 찾아야 합니다. 매일 들여다보는 대시보드 속 데이터의 주도권을 잡는 사람이 마케팅 주도권을 잡는 사람으로 거듭날 것입니다.

디지털 시대엔 B2B 마케팅이 매우 중요합니다.
플랫폼과 소프트웨어 산업이
빠르게 성장하기 때문입니다.
구글, 페이스북, 아마존, 네이버 등의 수익은
사실 대부분 B2B 사업에서 나옵니다.

# 구글, 아마존에는 B2B 마케터가 필요하다

우리나라는 대기업에 대한 선호도가 절대적으로 높습니다. 하지만 최근 변화의 조짐이 보입니다. 2020년 잡코리아와 알바몬이 대학생들을 대상으로 설문조사한 내용에 따르면* 카카오와 네이버가 취업 선호 기업 1, 2위를 차지했고, 전통적인 1위였던 삼성전자는 4위로 밀렸습니다. 외국계 기업은 어떨까요? 동일한 조사에 따르면**

* 김강한, "대학생 취업 선호 기업 1위 '카카오', 삼성전자는 4위에 그쳐", 조선일보, 2020.7.14.

** 이효상, "외국계기업 취업선호도 '구글-넷플릭스-애플' 순", 리크루트타임스, 2020.3.30.

**대학생 취업 선호 기업 1위 '카카오'**

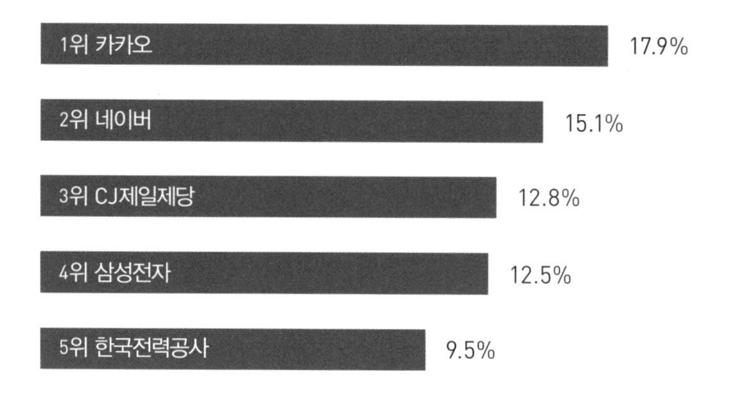


* 시총 상위 100개사 대상, 4년제 대학생 11,616명 조사
제공: 잡코리아×알바몬

구글 코리아, 넷플릭스 코리아, 애플 코리아가 각각 1, 2, 3위를 차지했습니다. 국내, 외국계 기업 모두 요즘 뜨는 디지털 플랫폼 기업들이 상위권을 차지했네요.

카카오나 구글을 싫어할 사람도 별로 없고, 최근 고공 행진하는 주가는 이들 기업의 빠른 성장을 암시합니다. 그 성장세만큼 마케터에게도 다양한 기회와 성취감을 누릴 수 있는 장이 열릴 것입니다. 다만 디지털 플랫폼 기업에 속한 마케터는 일반적으로 생각하는 마케터와는 다릅니다. 마케터라 하면 B2C 마케터를 흔히 떠올

**외국계 기업 취업 선호도 1위 '구글 코리아'**

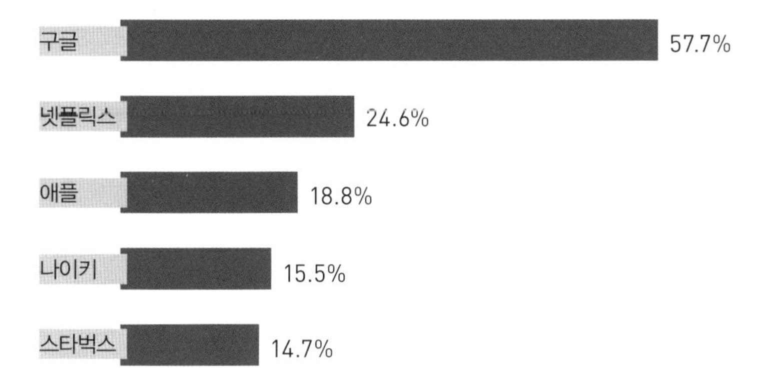


* 신입직 구직자 3,268명 복수응답 결과
제공: 잡코리아×알바몬

리지만, 디지털 플랫폼 기업의 마케터는 B2B 마케터거든요.

B2C 마케팅이 일반 소비자들을 대상으로 한다면, B2B 마케팅은 기업의 B2B 제품, 서비스, 솔루션 등을 다른 기업에 팔기 위한 마케팅입니다. 광고, 클라우드 영업팀의 영업 활동을 지원하는 마케팅, 쇼핑 사업에 필수적인 입점 기업(셀러)을 유치하고 교육하는 마케팅 활동이 주를 이룹니다. 기업 대상의 활동이므로 아무래도 일반인들은 알기 어렵고, 마케터들 사이에서도 잘 모르는 분들이 많은 것 같습니다. 제가 아마존에서 진행했던 B2B 마케팅을 소개하며 B2B 마

케터는 어떤 일을 하는지, B2B 마케팅이 디지털 시대에 왜 중요한지 이야기하려 합니다.

아마존은 앞서 소개한 글로벌셀링 사업과 AWSAmazon Web Services 사업을 한국에서 운영하고 있습니다. 글로벌셀링의 고객은 아마존에 입점했거나 입점을 검토 중인 수출 기업이고, AWS의 고객은 삼성전자 같은 대기업부터 스타트업까지 다양합니다. 돈을 지불하고 AWS의 클라우드 솔루션을 사용하는 기업이라면 모두 AWS의 고객입니다. 겉으로 매우 달라 보이는 이 두 사업의 공통점은 개인 고객이 아닌 기업 고객을 상대로 하는 B2B 사업이라는 점입니다.

아마존이라는 기업을 모르는 사람은 거의 없겠죠. 실제로 아마존에서 직구를 해본 사람들은 얼마 안 되겠지만, '세계 최대 전자상거래 기업'으로 대부분 인지하고 있습니다. 하지만 반대로 우리나라 제품을 해외에서 팔기 위해 한국 기업은 '셀러'이자 아마존의 고객이라는 사실을, 이 책을 읽기 전에 아셨나요? 그렇다면 제가 글로벌셀링 사업부에서 진행했던 마케팅이 어느 정도 성과를 낸 거네요! 2015년 아마존 글로벌셀링이 한국에서 사업을 시작했을 때는 물론이고, 제가 마케팅을 맡은 2017년 말에도 이를 알고 있는 사람이 거의 없었습니다.

당시 저는 본사 콘텐츠를 번역해 싣는 정도였던 아마존 글로벌 셀링 한국어 웹사이트에 콘텐츠부터 업데이트했습니다. 전 세계적으로 품질을 인정받고 아마존에서 큰 인기를 끌고 있던 화장품, 패션 등 다양한 한국 셀러들의 성공사례를 유튜브 채널과 블로그에 올렸습니다. 가족이나 친구에게 물어보거나 다른 고객들의 리뷰를 쉽게 찾아볼 수 있는 B2C와는 달리, B2B는 후기를 좀처럼 찾아보기 어렵습니다. 그래서 성공사례를 제공하며 확신을 주는 것이 매우 중요합니다. 당시 저도 성공사례를 최대한 널리 알리고 싶었지만 광고비가 따로 없었던 터라, 네이버 비즈니스와 잡앤 운영팀에 아마존 셀러의 성공사례들을 지속적으로 보냈습니다. 그중 일부가 네이버 메인 페이지에 소개되고, 수백만 건의 조회수를 기록하면서 아마존 셀러에 대한 인지도가 조금씩 생기기 시작했습니다. 기업의 마케팅 콘텐츠이긴 하지만, '한국 제품의 해외 수출'이라는 기분 좋은 주제인지라 많은 분들이 좋아하시고 관심을 가져주셨습니다.

그리고 2019년 초, 어느 날 갑자기 '아마존에서 호미와 호랑이 담요가 대박났다'는 소식을 여러 언론사가 대거 보도했습니다. 일부 언론사는 경북 영주의 호미 장인을 찾아가 인터뷰도 했고요. '물 들어올 때 노 저어라'는 말처럼, 이런 절호의 기회를 놓칠 수 없었습니다. 중앙일보의 폴인과 아마존 셀러 컨퍼런스를 개최하고, 컨퍼런스 전에 10여 건의 성공사례를 기사로 냈습니다. 덕분에 컨퍼런스 티켓이 매진되는 등 아마존에 대한 높아진 관심을 확인할 수 있었습니다.

이후 적게나마 광고 예산이 생기면서 검색 광고와 유튜브, 페이스북 광고를 시작했습니다. 덕분에 데이터를 모으고 광고 채널별, 소재별 효율을 분석하면서 최적화할 수 있었습니다. 그리고 스타트업 신에서 유명한 콘텐츠 제작 미디어 EO와 함께 콘텐츠를 만들었습니다. 아마존에서 연 매출 3000억을 기록한 슈피겐코리아 김대영 대표, 아기띠로 연 매출 200억 원을 기록한 코니바이에린 임이랑 대표를 인터뷰한 영상은 도합 200만 이상의 조회수를 달성했습니다. 아마존 판매에 대한 관심은 점점 높아졌고, 성공한 아마존 셀러들이 셀러 교육 사업에 뛰어들어 스스로 아마존 판매 사업을 마케팅하기 시작했습니다. 아마존에서 대박난 제품을 국내에 들여와서 '아마존 베스트셀러'임을 강조하며 판매하는 분들도 늘었습니다.

B2B 마케팅에서 가장 중요한 것은 리드(Lead, B2B 기업에서 잠재, 가망 고객을 일컫는 단어입니다)를 확보하는 일입니다. B2B 제품은 충동구매가 불가능합니다. 최소 며칠에서 최대 몇 년 동안, 담당자는 여러 제품을 비교하고, 검토하고, 활용사례들을 찾아봅니다. 담당자가 확

신했더라도 내부에서 논의와 보고를 거쳐야 구매하고 활용할 수 있습니다. 예를 들어 아마존 글로벌셀링 광고를 보고 '그래, 나도 아마존에 내 제품을 팔아보겠어!' 하곤 바로 판매를 시작한다면, 십중팔구는 망할 겁니다. 아마존 내의 경쟁사도 조사하고, 우리 제품의 원가, 배송비, 인건비, 마진 등을 고려해 입점시 수익을 낼 수 있다는 확신과 전략이 있어야겠죠. 그래서 B2B 마케팅의 성과는 단기간에 판단하기 어렵습니다.

마케팅도 비교적 오래 진행되고, 성과도 즉각적이지 않은데, 왜 B2B 마케팅이 중요할까요? 플랫폼과 소프트웨어 산업이 빠르게 성장하기 때문입니다. 플랫폼 기업들은 B2B 사업을 주 수익원으로 삼습니다. 구글의 수익 대부분은 구글 광고, 유튜브 광고와 구글 클라우드이고, 네이버 역시 광고가 약 절반, 쇼핑 수수료가 약 30%를 차지합니다. 광고와 클라우드는 개인 소비자가 아닌 기업이 구매하는 대표적인 B2B 사업이지요. 기업용 소프트웨어도 과거와 달리 직접 개발하지 않고, 인원수와 사용량에 맞춰 필요한 요금만 내고 사용하는 추세입니다. 코로나19로 사용량이 폭증한 줌Zoom, 슬랙Slack 등이 대표적이지요. 이런 플랫폼 기업들 대부분은 B2B 사업을 주 수익원으로 삼는 만큼, B2B 마케팅 인력이 더 많습니다. 플랫폼과 소프트웨어 산업이 성장할수록 B2B 마케터에 대한 수요 역시 비례

EO
안녕하세요
슈피겐코리아
대표 김대영 입니다

EO
2004년
50만 원으로 창업

EO
2018년
2600억 매출

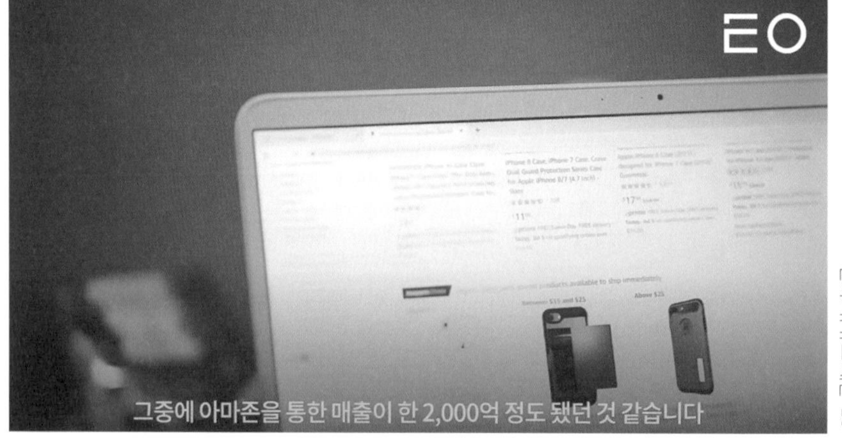
EO
그중에 아마존을 통한 매출이 한 2,000억 정도 됐던 것 같습니다

출처: 유튜브 채널 'EO'

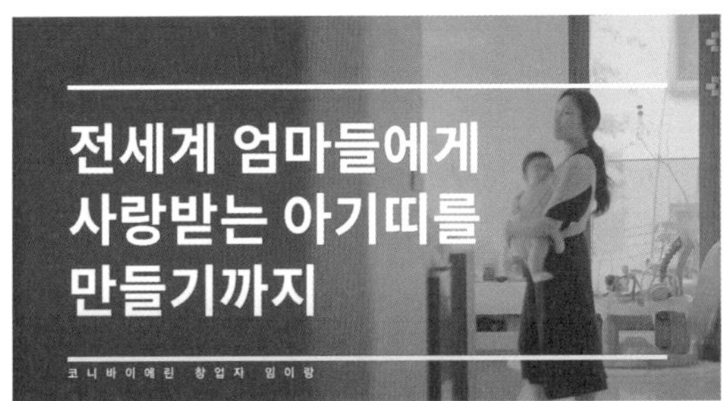

후기를 쉽게 찾아보기 어려운 B2B는 마케팅 활동으로
성공사례를 제공하며 확신을 주는 것이 매우 중요합니다.
연 매출 3000억을 기록한 슈피겐코리아 김대영 대표,
아기띠로 연 매출 200억 원을 기록한 코니바이에린 임이랑 대표의 영상은
200만 이상의 조회수를 달성하며 아마존 글로벌셀링의 인지도를 높였습니다.

해 증가하겠죠.

디지털 플랫폼과 소프트웨어 산업이 커지고 컴퓨터와 스마트폰 사용량이 늘어날수록, 우리나라 제조기업들의 B2B 사업도 수혜를 입어 같이 성장하지 않을까요? 실제로 삼성전자와 SK하이닉스의 반도체, LG디스플레이의 OLED, LCD 패널 등이 대표적인 B2B 상품으로 코로나19 수혜를 받아 수요가 급증했습니다. 향후에도 수요는 지속적으로 증가할 것으로 보입니다.

반면 B2C 마케팅 중 큰 비중을 차지하는 소비재(식품, 음료, 일상 생활용품 등)의 브랜드 마케팅 효과는 최근 성장세가 주춤합니다. TV 광고 등 매스 마케팅을 통해서 인지도를 높이고 오프라인 매장에서 좋은 위치를 확보해 매출을 이끄는 전략이, 디지털로 인해 온라인 유통 중심으로 바뀌면서 제대로 작동하지 않습니다. 소비자들의 취향 또한 매우 다양하고 세분화되면서, 예전처럼 한두 개의 메이저 브랜드가 시장을 석권하는 건 점점 어려워지고 있습니다.

이에 더해 온라인 유통업체들은 PBPrivate Brand 상품들을 지속적으로 출시하고 있습니다. 아마존, 쿠팡 등의 기업들은 OEMOriginal Equipment Manufacturing 전문 공장에 발주하면 동일한 품질의 제품을 쉽게 제조할 수 있습니다. 아마존의 Amazon Basic, 쿠팡의 탐사와 곰곰 등이 대표적인 PB브랜드입니다. 건전지, 휴지, 생수 등 생필품부터 최근에는 빵, 갈비탕 같은 식품류까지 만들고 있습니다. 이런 PB 제품들은 브랜드 마케팅 비용을 최소화할 수 있기 때문에 매우 저렴하여 소비자들에게 큰 인기를 끌고 있습니다.

소비재, 유통 등 전통적인 산업의 기업들이 디지털로 인한 변화에 얼마나 적응하고, 대처하느냐가 산업 전반의 과제였던 시절이 있었습니다. 하지만 이제 디지털은 당연하고, 처음부터 디지털 기반으로 태어난 기업들의 시대가 도래하고 있습니다. IT 기업, 플랫폼 기업은 다각화를 통해 사업 간의 시너지와 수익성을 높이고 있습니다. 언제, 어디서나 연결되어 사업에 필요한 자원과 역량을 효율적으로 공유하는 디지털 시대가 산업 전반을 바꾸고 있습니다. 이제 디지털 마케터는 위기와 기회라는 이분법적인 세상이 아니라 기회를 적극적으로 찾아나서야 하는 세상을 마주했습니다.

최근 부상하는 이커머스, 플랫폼 기업, 게임회사 등은
영업팀 대신 마케팅팀이 매출을 책임집니다.
디지털 시대에는 퍼포먼스 마케터뿐 아니라
브랜드 마케터, B2B 마케터 모두
매출에 대한 직간접적인 기여를 입증하면서
돈 벌어오는 직원으로 인정받아야 합니다.

# 영업 대신 디지털 마케터가 매출을 책임진다

약 15년 전 제일기획의 국내 광고기획자이던 시절, 'TV 광고의 매출 기여도를 어떻게 측정할 수 있느냐'는 광고주의 질문에, 제 팀장님은 매우 난감해하며 'TV 광고의 직접적 기여도를 측정할 방법은 없다'고 답변하셨습니다. 신문, TV, 잡지, 라디오의 4대 매체 시대였던 당시, 광고마케팅 부서는 겉으론 화려해 보이지만 회사 내에서 '돈 쓰는 부서'로 인식되었습니다. 회사 상황이 안 좋아지면 가장 먼저 줄이는 게 마케팅 예산이었고요. 지금도 TV 광고는 매출 기여도를 정확하게 측정할 수 없습니다.

하지만 퍼포먼스 마케팅의 도입은 마케팅 부서를 더 이상 돈 쓰는 부서가 아닌 돈 벌어오는 부서로 격상시키고 있습니다. 고객들이 우리 브랜드의 웹사이트와 쇼핑몰로 얼마나 유입되는지, 그것이 구매로 얼마나 이어지는지 측정하고 개선하며 매출을 극대화할 수 있기 때문입니다.

실제로 최근 부상하는 이커머스, 플랫폼 기업, 게임 회사 등은 영업팀 대신 마케팅팀이 매출을 책임지고 있습니다. 퍼포먼스 마케터뿐 아니라 브랜드 마케터, B2B 마케터 모두 매출에 대한 직간접적인 기여를 입증하면서 돈 벌어오는 직원으로 인정받아야 합니다. 제가 아마존에서 글로벌셀링 마케팅을 총괄할 때에도 이 태도는 유효했습니다.

제가 처음 글로벌셀링 마케팅을 맡았을 때는 한국에서 아마존셀링, 즉 어느 기업이나 아마존에 입점해서 상품을 직접 판매할 수 있다는 사실 자체를 모르는 사람들이 많았다고 말씀드렸죠. 성공사례를 발굴해 노출하는 것뿐 아니라 글로벌셀링을 알리는 대규모 컨퍼런스를 개최하는 등 다방면으로 활동해야 했습니다. 입점 희망기업에는 아마존 코리아 직원을 담당 매니저로 배정해 대면으로 컨설팅과 입점을 안내했습니다. 이때는 마케팅 예산도 많지 않았고,

인지도를 확보하는 게 먼저였기 때문에 마케팅의 매출 기여도를 측정하기는 어려웠습니다.

어느 정도 인지도가 생기고 마케팅 예산도 확보한 뒤에는 사업 규모를 확장하기 위해 마케팅의 업무 영역도 넓혔습니다. 입점 기업 담당자들이 아마존 코리아 웹사이트에서 공부해 직접 입점할 수 있도록 비대면 지원을 확대했습니다. 그리고 구글과 네이버의 검색 광고, 페이스북과 GDNGoogle Display Network 광고 등을 활용해 퍼포먼스 마케팅을 시작했습니다. 초반에는 사이트 방문자를 늘리고 기능을 최적화하는 데 집중했고, 그다음에는 광고 채널별로 리드를 확보하는 데 드는 비용Cost per lead을 기준으로 광고 채널별 소재와 예산을 최적화했습니다.

광고를 시작하면서 예산이 얼마나 적절히 사용되었고 매출에 기여했는지 측정할 방법을 찾기 시작했습니다. 비대면 영업팀과 논의 끝에, 마케팅에서 발굴한 리드가 실제 입점launch까지 완료해야 비즈니스에 제대로 기여했다고 판단해 'Cost per launch'를 새로운 기준으로 삼고 최적화를 진행했습니다. 더 나아가 퍼포먼스 마케팅에서 가장 중요한 핵심성과지표로 보는 LTV(Life Time value, '고객 생애 가치'라는 뜻으로 고객이 제품 또는 서비스를 이용하는 동안 가져다주는 총 이익을 예측합니다)를 기반으로 마케팅 채널 최적화를 계획했으나, 그 결과까지는 보지 못하고 아마존을 떠났습니다.

B2B 마케팅은 일반적으로 마케팅에서 창출한 리드의 수와 그 리드들이 실제 고객이 되어 발생한 매출 기여도로 평가받습니다. 그래서 B2B 마케팅 담당자들은 리드를 얼마나 확보할지 영업팀과 긴밀하게 협의해 목표를 세우고, 마케팅 활동을 통해 목표를 달성하기 위해 노력하며, 마케팅에서 확보한 리드가 실제로 매출에 도움이 되는 고객인지 함께 점검합니다.

이커머스, 게임, 플랫폼 기업 등은 퍼포먼스 마케팅 조직이 직접 신규 고객을 확보하고 기존 고객의 매출 증대를 책임지고 있으니 말할 것도 없고, 일반 기업의 브랜드 마케팅 조직 역시 매출에 직접적으로 기여할 방법을 꾸준히 모색해야 합니다. 예를 들어 브랜드 마케팅 활동을 할 때 소비자들이 상품을 검색하도록 유도해야겠죠. 더 나아가 사내 퍼포먼스 마케팅팀, 유통사와 함께 캠페인을 기획하고 움직이며 상품과 브랜드를 인지한 고객들이 바로 구매할 수 있도록 해야 합니다. 가능하다면 브랜드 마케팅을 통해 유입된 고객들의 수와 매출 기여도를 측정할 수 있도록 장치를 마련해야 하고요.

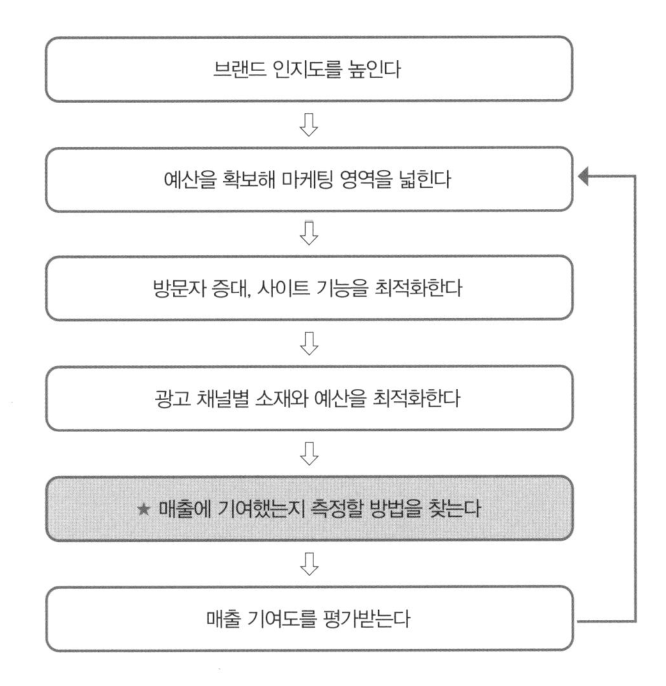


마케팅이 디지털화될수록 마케팅의 성과 측정 역시 점차 정교해질 것입니다. 이는 마케터에게 부담을 주기도 하지만, 마케팅의 비즈니스 기여도를 명확히 보여줄 수 있는 훌륭한 도구입니다. 이를 활용해 어떻게 비즈니스에 기여할 수 있을지 고민하고 노력하는 디지털 마케터와, '마케팅의 성과 측정은 불가능하다'고 우기며 비즈니스와는 상관없이 멋져 보이는 마케팅만 추구하는 마케터는 전혀 다른 길을 걸을 것입니다.

소비자들은 선호하는 브랜드와
제품을 적극적으로 공유합니다.
기업의 가치를 퍼뜨리고,
직간접적으로 다른 사람들의 구매에
큰 영향을 미칩니다.
과거에도 그런 사람이 있었지만,
디지털 시대에는 그 빈도와 영향력이 더욱 커졌습니다.

# 소비자는
# 디지털 마케터의 동료다

디지털 마케터만큼이나 변화의 중심에 있는 사람이 있습니다. 바로 소비자입니다. 디지털 시대 이전에도 소비자는 기업에 중요했습니다. 기업의 존재이유와 같았으니까요. 다만 그때 둘의 관계는 비교적 안정적이었습니다. 기업에게 소비자는 수동적이고, 예측 가능했습니다. 소비자에게 기업은 크고, 거리감이 있는 존재였고요. 하지만 디지털 시대에 들어서며 기업은 소비자의 눈치를 보고, 소비자는 디지털 공간에서 자신의 목소리를 내며 영향력을 행사합니다. 디지털로 인해 기업과 소비자는 더욱 가깝게, 빠르게, 연결되어

서로를 변화시키고 있습니다.

특히 소비자의 변화는 기업보다 더 빠릅니다. 단순히 제품을 좋아하고 구매하는 데에서 나아가 새로운 아이디어를 제시하고, 적극적으로 요구합니다. 또한 브랜드의 가치를 알리고, 지키고, 전하는 역할을 자처해 맡습니다. 그런데, 이 모습 어디서 본 것 같지 않나요? 상품기획, 브랜드 마케팅, 콘텐츠 마케팅 등을 하는 디지털 마케터의 모습과 비슷합니다. 요즘 흔히 하는 '모두가 마케터인 시대'라는 말이 떠오르고, 어쩌면 소비자는 마케터의 훌륭한 동료라는 생각도 듭니다. 디지털 시대에 소비자에게 주목해야 하는 또 하나의 이유입니다. 여기선 디지털 시대 이전과 이후 소비자의 변화를 비교하며 좀 더 구체적으로 살펴보겠습니다.

아이드마AIDMA 이론을 다들 아실 겁니다. 주의Attention, 관심Interest, 욕구Desire, 기억Memory, 행동Action의 앞글자를 딴 말인데요, 광고를 통해 고객의 '주의'를 끌고, '관심'을 유발해 구매 '욕구'를 자극하고, 고객이 제품 구매 시점에 브랜드를 '기억'해 최종적으로 구매 '행동'을 하는 과정을 설명합니다. 디지털 이전의 소비자들이 제품 구매에 이르는 단계를 잘 설명한 유명한 이론입니다.

디지털 시대 소비자에 대한 설명도 여러 모델이 있지만, 가장 쉽

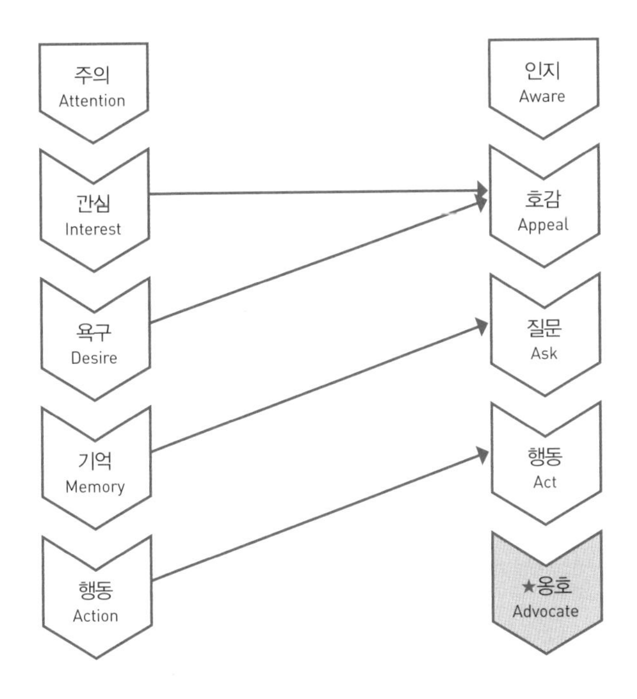


게 이해할 수 있는 모델인 필립 코틀러의 5A를 중심으로 살펴보겠습니다.《필립 코틀러의 마켓 4.0》에서 필립 코틀러는 디지털 시대의 제품 구매를 인지Aware, 호감Appeal, 질문Ask, 행동Act, 옹호Advocate의 5단계로 정의했습니다. 아이드마 이론의 관심과 욕구가 '호감'으로 합쳐졌고, '기억'이 '질문'으로 대체되었으며, '옹호'가 새롭게 등장했습니다.

이에 따르면 소비자는 경험, 광고, 커뮤니티 등을 통해 브랜드를

'인지'합니다. 여러 브랜드를 인지한 고객은 브랜드가 전달하는 메시지를 받아들인 뒤 '호감'을 갖게 된 브랜드를 머릿속에 저장합니다. 호기심이 생긴 고객은 구매 전에 좀 더 자세한 정보를 찾기 위해 주변 친구, 가족들과 오프라인으로 정보를 교환함은 물론 미디어, 브랜드 웹사이트의 정보, 커뮤니티의 의견을 구하는 등 적극적으로 '질문'하며 정보를 수집합니다. 디지털 이전 소비자는 실제 아는 사람들에게만 제한적으로 정보를 수집했다면, 디지털 시대 소비자는 인터넷에서 전 세계인들에게 정보를 얻습니다. 직접 오프라인 매장에서 제품을 보고 비교해보기도 합니다.

제품을 구매하더라도 소비자의 여정은 끝나지 않습니다. 애프터서비스를 비롯해 지속적으로 고객관리를 받습니다. 그 과정에서 소비자는 브랜드 호감도를 쌓아가고, 브랜드의 팬이 되어 재구매하거나, 다른 사람들에게 브랜드를 추천하며 '옹호'합니다.

소비자의 이러한 변화는 기업에 근심과 새로운 과제를 안겨주었습니다. 그것도 매 단계마다요. 5A의 각 단계별로 구체적으로 정리해봤습니다.

인지 Aware : 일방적인 광고를 거부하기 때문에 예전보다 광고를 접하는 채널과 빈도가 줄었습니다.

호감 Appeal : 브랜드 파워의 영향력이 감소했습니다.
질문 Ask : 스스로 정보를 찾을 수 있는 디지털 접점이 증가했고, 모든 접점에서 완벽한 정보를 기대합니다.
행동 Act : 온라인, 비대면 구매를 선호합니다.
옹호 Advocate : 선호 브랜드와 제품을 적극적으로 공유합니다.

일방적인 광고에 대한 거부감이 높아지면서, 기업이 브랜드와 제품을 소비자들에게 인지시키기가 점점 어려워지고 있습니다. 과거 가장 막강한 광고 매체였던 TV의 시청률, 특히 지상파 3사의 시청률은 매년 떨어지고, 주 시청자층도 50대 이상으로 고령화되고 있지요. 10~40대는 넷플릭스, 유튜브 등에서 TV보다 훨씬 재미있고 취향에 맞는 콘텐츠를 즐깁니다. TV 프로그램을 보더라도 본방사수보다 본인이 원하는 시간에 OTT 앱으로 봅니다. 이런 상황에서도 전통적인 대기업들은 여전히 TV 광고를 많이 하고, 최근 스타트업들도 초기 인지도를 높이기 위해 TV 광고를 하는 사례가 증가하고 있긴 합니다만, TV 광고를 한다고 과거처럼 전 국민이 알게 되기는커녕 브랜드에 대한 검색량이나 서비스 유입자 증가도 미미해 관계자들의 고민은 깊어지고 있습니다.

TV 광고만이 아닙니다. 소비자들이 PC에서 모바일로 이동하고,

포털 대신 소셜미디어로 뉴스를 접하면서 네이버, 다음 등의 포털 사이트 광고 역시 효과가 약해지고 있습니다. 광고주들은 유튜브, 페이스북, 인스타그램 등에 점점 더 많은 광고비를 투자하고 있지만, 정작 구매력 있는 20~40대 소비자들은 넷플릭스, 유튜브 프리미엄 등의 유료 구독 서비스로 이동하면서 그마저도 효과가 미미합니다.

'호감' 측면에서 볼 때, '브랜드 파워'가 옛말이라는 것을 실감합니다. 부모님 세대만 해도 명확히 선호하는 브랜드가 있었고, 새로운 브랜드를 시도하지 않는 경향이 있었습니다. 컴퓨터나 TV는 무조건 삼성, 가전은 LG, 식품은 CJ 제품을 구매해야 한다는 인식이 있었죠. 하지만 요즘은 처음 보는 브랜드라도 온라인에서 다른 소비자들의 평가와 리뷰를 쉽게 볼 수 있고, 다른 사람들의 평가가 우수하다면 망설임 없이 구매합니다. 대표적인 예로 가성비 좋은 중국 브랜드를 들 수 있는데요, 이제는 중국의 대표 브랜드가 된 샤오미, 아마존 베스트셀러로 인기 있는 앤커Anker 등이 있습니다.

구매 행동도 변했습니다. 매장에서 영업사원의 말만 듣고 제품을 사는 시대는 끝났습니다. 온라인 구매는 물론이고, 실물을 보기 위해 매장을 방문하더라도 브랜드 웹사이트의 제품 정보, 유튜버들의 제품 리뷰, 쿠팡이나 네이버의 구매자 리뷰, 커뮤니티나 인스타그램의 사용자 리뷰 등을 섭렵하고 갑니다. 온라인 판매 가격과 비교해보고, 온라인보다 비싸면 바로 매장을 떠나고요. 브랜드 웹사이트에 제품의 장점을 아무리 잘 정리해둬도 실제 구매자들의 리뷰가 안 좋거나, 구매 경험이 좋지 않다면 소비자들은 바로 이탈합니다. 높아진 이탈률을 낮추는 게 기업들의 새로운 과제입니다.

소비자는 온라인 구매를 절대적으로 선호합니다. 과거에는 온라인 구매를 망설이게 한 요인들이 있었습니다. 결제하기 불편해서, 배송이 느려서, 패션 제품의 경우 실제 사이즈와 착용시 느낌을 확인할 수 없어서, 반품할 때 번거로워서 등. 그러나 그 요인들은 대부분 해소되었습니다. 이젠 오프라인보다 가격도 싸고 무료 반품도 가능하니 온라인 구매를 선호하는 건 당연합니다. 물론 여전히 패션 제품, 화장품, 고가의 대형 가전, 자동차 등 실제 제품을 확인하기 위해 오프라인 매장에 방문하기도 합니다. 이때도 내가 원하지 않는데 매장 영업사원이 먼저 다가와서 어떤 제품을 찾는지 물어보거나 조언해주는 것을 반기지 않죠. 이미 자신이 원하는 제품이 확실하기 때문입니다.

영업사원의 권유가 아닌 자신의 시간과 노력을 들여 제품을 구매한 만큼 애정도 깊습니다. 디지털 시대 들어 새로 등장한 '옹호' 단계에서 소비자들은 선호하는 브랜드와 제품을 적극적으로 공유합니다. 과거에도 자신이 좋아하는 브랜드와 제품을 주변에 적극적으로 추천하는 사람은 있었지만 디지털 시대에는 그 빈도와 영향력이 더욱 커졌습니다. 소셜미디어를 활용하는 거의 모든 사람들이 작게는 맛집 방문 인증샷부터 크게는 명품, 자동차 구매 인증샷까지 남깁니다. 다양한 방법으로 브랜드와 제품을 적극적으로 공유하는 것에서 나아가 브랜드의 가치를 널리 알리기도 합니다. 진정성 있는 기업으로 인정받는 오뚜기, 최근 경영계의 화두인 ESGEnvironmental, Social, Governance를 선도해온 브랜드인 테슬라, 파타고니아 등은 대표적인 수혜 브랜드입니다.

기업과 마케터는 새로운 과제를 마주했습니다. 소비자는 TV 광고, 포털 사이트 광고, 소셜미디어 광고 등 일방적인 광고가 없는 세상으로 떠났습니다. 그들에게 어떻게 제품과 브랜드를 인지시킬 수 있을까요? 좋은 리뷰와 평가를 받기 위해 제품력을 키우는 건 당연한 일이지만, 가성비 좋은 외국 브랜드와 언제, 어디까지 경쟁할 수 있나요? 온라인 구매를 절대적으로 선호하는 소비자에게 우리 브랜드는 적합한 환경을 제공하고 있나요? 제품력, 편의성 외에 어떤 가치와 의미를 충족시켜줄 수 있나요? 이 질문들을 보고 막막함을 느끼실 마케터들도 분명 있을 것입니다. 하지만 아이러니하게도 이런 질문이 있기에 디지털 마케팅이, 디지털 마케터의 존재가 더 중요합니다. 좋은 질문은 해답만큼이나 큰 힘을 가질 수 있다고 합니다. 이런 질문이 있는 곳이라면 디지털로 인한 변화를 마주하고 있는 곳이고, 각 상황과 여건에 맞게 변화할 일만 남았습니다. 무엇으로 어떻게 이 변화에 대처할 수 있는지 Part 2에서 좀 더 자세히 살펴보겠습니다.

Skill up

# 마케터 커리어,
# 어디서 시작해서 어디로 옮길까?

'마케터는 어디에서 직장 생활을 시작하는 게 좋을까요?' '이런 커리어가 있는데, 이곳으로 이직할 수 있을까요?' 대기업과 외국계 기업, 그리고 성공한 게임 스타트업 라이엇게임즈를 다니며 인턴 분들에게, 링크드인과 페이스북에서 모르는 분들로부터도 받은 질문입니다. 사회초년생이 선배에게 충분히 할 수 있는 질문이고, 짧게라도 모두 답변하려고 노력하면서 깨달은 점이 하나 있습니다. 마케터로서 회사에서 얼마나 성취감을 느끼고 있는지, 회사의 성향이 자신과 맞는지, 회사 내에서 성장 가능성은 있는지부터 복지, 연봉 등 현실적인 조건까지, 같은 질문에 각기 다른 배경이 담겨 있다는 사실입니다. 이는 앞서 살펴본 디지털로 인한 산업의 변화, 디지털 마케팅 환경의 변화, 디지털 마케터의 역할과 분리해 생각할 수 없는 문제이기도 합니다. 정답을 드릴 순 없지만, 선택하는 네 도움은 드릴 수 있도록 현업에서 직접 보고 겪은 현장의 경험을 그대로 들려드리려고 합니다.

마케터에겐 브랜드와 그 브랜드가 속한 업종이 중요합니다. 회사마다 마케터의 역할은 다르지만 특정 업종 내에서는 대체로 비슷합니다. 그 역할에 따라 매출에 대한 직접적인 기여도가 달라지기 때문에 마케터의 영향력과 즉각적으로 느낄 수 있는 성취감도 다르겠죠. 광고회사, IT, 금융, 게임 업종에서 일하며 여러 마케터 분들을 만난 결과, 마케터의 회사 내 영향력은 상이했습니다.

다음 장의 그래프에서 보시다시피 소비재 기업, 예를 들어 P&G, 로레알, 존슨앤존슨 같은 기업에서는 마케터들이 조직의 핵심입니다. 이러한 조직에서는 브랜드 매니저가 특정 브랜드의 상품기획, 마케팅부터 영업 실적까지 모든 것을 책임지므로, 주니어 때부터 막강한 권한과 책임을 동시에 갖습니다. 그래서 P&G를 '마케팅 사관학교'라 부르고, 삼성전자 등 국내 대기업에서도 P&G, 로레알 등에서 잔뼈가 굵은 마케터들을 많이 영입하기도 합니다. 반면 마케팅보다는 상품의 수

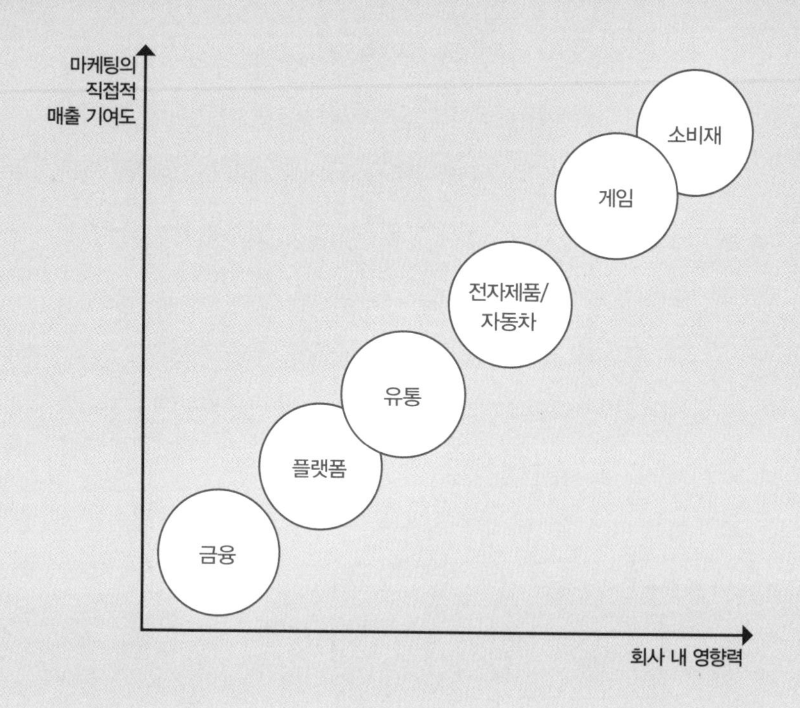


익률이 중요한 금융회사 등에서는 마케터의 조직 내 영향력이 크지 않습니다.

사람들이 흔히 떠올리는 마케터 업무에 가까운 B2C 마케팅을 하고 싶으시면, 외국계 기업 중 소비재 회사(P&G, 존슨앤존슨 등), 플랫폼이 아닌 국내 대기업(삼성전자, LG전자, CJ, 현대자동차 등)에 가는 게 맞습니다. 특히 삼성, LG, 현대자동차의 글로벌 마케팅 조직에 가면 본사의 입장에서 전 세계에 제품을 출시하면서 글로벌 마케팅을 리드할

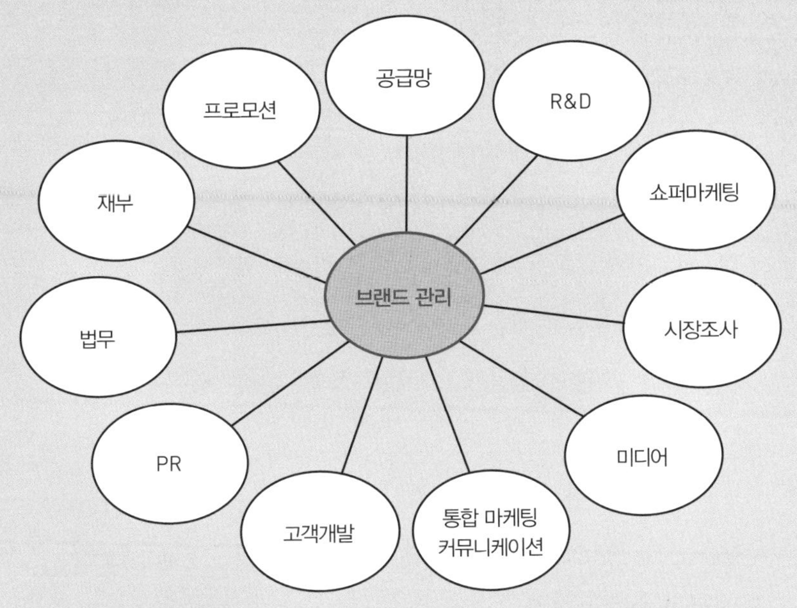


출처 : souradeepjash.wordpress.com

수 있습니다. 외국계 기업이나 스타트업에서는 쉽게 할 수 없는 값진 경험이죠.

반면 외국계 기업 중 구글, 아마존 등 플랫폼 기업들은 앞서 말씀드린 바와 같이 수익의 대부분이 B2B 고객에게서 나옵니다. 따라서 마케팅팀도 B2B에 집중하여 영업팀 및 고객사와의 협업이 많습니다. B2B 마케팅의 특성상 신입 채용은 거의 없으니 플랫폼 기업에 입사하고 싶다면 B2B 영업에 신입으로 입사해서 경력을 쌓고 추후에 마케팅팀으로 사내 이동을 하거나, 국내 대기업에 영업이나 마케팅으로 입사해서 실무 경력을 쌓고 이직하는 방법을 추천합니다.

스타트업에서 커리어를 시작하는 것에 대해서는 제 주위 사람들의 의견이 모두 다릅니다. 주도적으로 일하면서 힘들더라도 젊을 때 압축적으로 성장할 수 있다며 추천하는 사람도 있고요. 닥치는 대로 이것저것 하다 보면 체계적으로 일을 배울 수 없고 전문성이 떨어진다며 우선 대기업에서 일하고 나중에 스타트업에 가도 된다는 사람도 있습니다.

한 가지 확실한 것은 어느 곳이나 신입사원 채용 비중이 줄어들고 있다는 사실입니다. 외국계 기업은 원래 신입 마케터를 잘 채용하지 않고, 대기업들도 점차 공채를 줄이고 있습니다. 그래서 저는 기업, 브랜드, 직업 안정성이 중요하다면 영업, 고객지원 등 신입을 채용하는 직군에서 경험을 쌓고 마케팅팀으로 옮길 수 있는 기회를 알아보고, 업종 전문성이 더 중요하다면 스타트업이나 광고대행사에서 커리어를 시작하는 것을 추천드립니다.

마케터의 영향력과 연봉, 워라밸이 반드시 정비례하는 것은 아닙니다. 겉으로는 화려해 보이고 브랜드 마케터의 영향력이 매우 강할 것 같은 명품 업종의 마케터들도 주니어 때는 의외로 과중한 업무와 박봉에 시달리는 것으로 알고 있습니다. 반면 따분해 보이는 업종들이 사실은 연봉도 후하고, 워라밸이 좋기도 합니다. 만약 '마케터로서의 성공과 인정'보다 '널럴하고 돈 많이 주는 직장'이 개인적으로 더 중요하다면, 그걸 제공해줄 수 있는 회사로 가시면 됩니다. 물론 그 회사가 10년 후에도 지금처럼 사업이 번창하고, 연봉을 많이 줄 수 있다는 확신이 있다면요.

그리고 기사 내용에 따르면 신입 분들이 카카오와 네이버를 선호하는 이유가 '복지제도와 근무환경이 좋을 것 같아서'라고 하는데요, 복지제도를 보고 지원하지는 말라는 말씀을 드리고 싶습니다. 사회 초년생의 입장에서는 복지를 경험해본 적이 없기 때문에 중요하게 고려할 수 있겠습니다만, 막상 1년에 누릴 수 있는 복지 혜택을 금전으로 환산해보면 얼마 안 됩니다. 그보다는 내 역량을 키워줄 상사와 동료가 있는 곳에서 실력을 키우고 연봉을 높이는 게 장기적으로 훨씬 나은 선택입니다. 넷플릭스나 아마존은 무료 식사를 제공하지 않고 복지도 거의 없습니다. 하지만 최고의 복지는 업계 최고의 우수한 동료들이라는 정책을 갖고 있고, 저는 그 정책에 100% 공감합니다.

연봉, 복지 등을 따지다 보면 더 이상 그런 것들이 큰 의미를 갖지 못하는 순간이 옵니다. 이때는 브랜드의 철학에 내가 얼마나 공감하는지, 나는 무엇을 할 수 있는지 등 자기 효능감, 자기 가치감이 중요합니다. 내가 한 마케팅 활동이 회사 내 매출에만 영향을 주는 것이 아

### 신입 마케터가 알아야 할 기업 유형별 장단점

| 기업 유형 | 장점 | 단점 | 고려 사항 |
| --- | --- | --- | --- |
| 대기업 | • 체계적인 업무를 교육받을 수 있음<br>• 국내 대기업의 문화, 업무 방식, 보고 체계, 조직 구성 등을 배울 수 있음<br>• 입사 동기, 선후배들과 평생 도움을 주고받는 관계를 형성할 수 있음<br>• 해외 영업이나 마케팅팀에 배치될 경우, 본사의 입장에서 해외 법인들을 이끌며 중요 신제품 출시 등 글로벌 프로젝트를 경험해볼 수 있음<br>• 신입 연봉이 높은 편 | • 신입사원 연수 후 원치 않는 부서로 배정되는 경우가 종종 있음<br>• 4~5년차 대리 정도는 되어야 작은 프로젝트를 주도적으로 할 수 있음<br>• 마케팅의 경우 업무 세분화로 한 영역만 담당하는 경우가 많음<br>• 실무는 외부 대행사에 대부분 맡기고, 대기업 직원들은 내부 보고서 작성 등에 시간을 많이 씀 | • 최근 대부분의 대기업에서 신입사원 공채를 폐지하는 추세 |
| 외국계 기업 | • 공채보다는 팀별로 꼭 필요한 인력만 직접 채용하므로, 본인이 맡게 될 업무를 명확히 이해하고 입사할 수 있음<br>• 신입 또는 주니어 사원에게도 명확한 권한과 책임을 부여하므로, 주도적인 의사결정 경험과 능력을 갖출 수 있음<br>• 소수 인원이 모든 걸 다 하므로 마케팅의 다양한 영역 경험 가능<br>• 글로벌 기업의 문화, 업무 방식을 배우고, 본인이 열심히 노력하면 해외 근무 기회에 도전할 수 있음 | • 마케팅 신입 채용은 거의 없음. 영업, 고객지원 등이 소수의 신입을 채용함<br>• 체계적인 교육을 기대하기 어렵고, 본인이 자료를 보고 알아서 공부해야 함<br>• 본사의 가이드에 따라 움직여야 하고 대체로 한국은 중국, 일본 등에 비해 매출과 조직 규모가 작아, 한국만의 특수성을 반영하지 못하는 경우가 많음<br>• 국내 기업의 문화에 대한 이해도가 낮아, 국내 기업을 상대할 때 어려움을 겪음 | • 영어를 잘하면 유리하지만, 영어'만' 잘한다고 해서 외국계에 입사할 수 있는 건 아님. 오히려 한국 고객을 대상으로 영업, 마케팅을 해야 하므로 한국말을 잘해야 함 |
| 스타트업 | • 대체로 외국계와 유사함<br>• 대기업의 보고, 외국계의 본사 승인 절차 등이 없으므로 빠르게 기획, 실행하며 다양한 프로젝트를 진행해볼 수 있음<br>• 초기 스타트업의 경우 마케팅 업무가 당장 서비스 이용자수 및 매출 극대화를 위한 퍼포먼스 마케팅에 집중되므로, 퍼포먼스 마케팅을 제대로 배울 수 있음 | • 업무 체계가 없는 경우가 많으므로 알아서 A부터 Z까지 모두 챙겨야 함<br>• 업무를 가르쳐주는 사람도, 본사에서 제공하는 교육 자료도 없으므로 알아서 공부해야 함<br>• 큰 기업의 문화, 업무 방식, 조직 구성 등에 대해서 배우기 어렵고, 입사 동기 등 인맥 형성이 어려움 | • 최근 스타트업들의 연봉이 과거 대비 크게 인상되고 있으나, 개발자 중심의 인상인 경우가 많아 마케터들이 소외감을 느낌 |

니라 회사 밖에서, 온라인 공간에서 특정한 의미와 가치를 만들 수 있음을 잊지 않아야 합니다.

제가 아마존으로 이직했던 것도 아마존이 앞으로 갈 길에 공감하고, 제가 해낼 수 있는 일이 있었기 때문입니다. 아마존은 사실 마케팅에 많이 투자하는 회사는 아닙니다. 창업 초기부터 마케팅보다는 가격을 낮추고 물류에 투자해 소비자의 만족도를 극대화하는 전략을 통해 성장해왔습니다. 제가 일할 때도 역시, 적은 인력과 예산으로 한국 내에서 거의 0에 가까웠던 '아마존 글로벌셀링'의 인지도를 높여야 했습니다. 하지만 궁하면 통한다고, 최소한의 예산으로 다양한 마케팅을 진행했습니다. 언론사, 유튜버, 성공한 아마존 셀러들과의 협업, 중소기업들의 수출을 지원하는 정부기관들과 협업하면서요. 다년간의 노력을 통해 한국에서 인지도를 높이며 '아마존한다'의 의미를 바꿨습니다. '아마존에서 직구한다'에서 '아마존에서 내 제품을 판다'로 말이죠. '아마존을 통해 국내 기업의 해외 진출에 기여한다'라는 아마존 글로벌셀링의 미션과 소비자 만족도 극대화가 가장 중요하다는 아마존의 철학에 공감하지 않았다면, 그 속에서 제가 할 수 있는 일이 없었다면, 마케터로서의 커리어에 이런 의미를 만들어내긴 쉽지 않았을 겁니다.

Part 2

# 마케터블한 전략은 어디서 시작될까

과거에는 마케터들의 '감각',
의사결정권자의 '취향'에 의해
마케팅이 진행되곤 했습니다.
하지만 이제는 누구나 쉽게
데이터를 활용해서 전략을 세우고,
소비자들의 반응을 보고
의사결정을 할 수 있는 시대입니다.

# 데이터
## ; 감, 취향보나 데이터로 전략을 세우고 의사결정한다

제일기획에서 광고기획자로 일할 때, 제 업무 중 데이터를 다루는 건 두 가지 경우였습니다. 첫 번째는 소비자조사 회사에 큰돈을 내고 의뢰한 소비자조사 보고서였고, 두 번째는 TV 광고 집행을 계획할 때였습니다. TV 광고는 광고주의 타깃 소비자가 많이 볼 것으로 예상되는 프로그램들을 선정하고, 주어진 예산 내에서 최대한 많은 소비자에게 효율적으로 광고를 집행할 수 있도록 계획을 세우고 관리해야 했습니다.

하지만 소비자조사 역시 많아야 몇 백 명에서 몇 천 명을 대상으로 하고, TV 광고의 성과 역시 소비자 샘플링을 통해 얻은 시청률을 토대로 계획하고 결과를 확인했습니다. 정확하게 몇 명의 소비자가 내가 기획한 광고를 봤는지 알 수 있는 방법은 없었습니다. '주위에서 그 광고 정말 많이 보인다고 하더라' '광고를 틀었더니 매장에 와서 그 상품을 찾는 고객이 늘었다'는 주관적인 평가만이 가능했습니다. 하지만 지금은 달라졌습니다.

최근 어떤 마케터 분이 인테리어 커뮤니티 앱 오늘의집의 TV 광고 효과에 관한 글을 썼습니다. 그분은 네이버에서 무료로 제공하는 데이터랩을 이용해 최근 1년간 오늘의집 주별 검색량과 모바일 인덱스의 앱 다운로드 데이터를 토대로 성과를 분석했습니다. 무신사 등 다른 커머스 앱들도 같은 방법으로 분석, 비교했습니다. 이분은 오늘의집이 코로나19를 기점으로 크게 성장했다고 보았으므로, 우선 코로나19 대유행 시점에 오늘의집 검색량이 얼마나 증가했는지 확인했습니다. 그 후 오늘의집 TV 광고가 나오는 시기에 검색량이나 앱 다운로드가 얼마나 증가했는지 살펴봤습니다. 그 결과 TV 광고 시점의 검색량이나 앱 다운로드는 자연적으로 증가하는 수준에 그쳤으며, 빅 모델을 활용하는 등 비용을 투자한 것에 비하면 큰 효과를 거두지는 못했다고 분석했습니다. 관심 있으신 분은 왼쪽의 QR코드를 통해 전문을 읽어보세요.

이 사례처럼 이제는 누구나 쉽게 데이터를 활용할 수 있습니다. 데이터를 통해 소비자들의 반응을 분석해, 전략을 세우고, 의사결정할 수 있습니다. 데이터 활용 능력이 생명인 퍼포먼스 마케터가 아니더라도, 기업에서 기존에 갖고 있는 자체 데이터가 없더라도 구글 트렌드나 네이버 데이터랩을 활용하면 충분히 가능합니다.

그렇다면 구체적으로 어떤 데이터를 활용해야 할까요? 퍼포먼스 마케터 분들은 이미 너무나 많은 데이터를 보고 계실 테고, 브랜드 마케터나 대기업의 마케터들이 활용해야 할 가장 기본적인 데이터로 소비자들의 검색량 및 트렌드 분석을 추천합니다. 우리는 하루에도 수십 번 검색합니다. 가족이나 친구에게 들은 정보를 검색하기도 하지만, 남에게 물어보기 어려운 정보일수록 더욱더 검색을 통해 해결합니다. 그래서 검색은 소비자들이 설문조사나 FGIFocus Group Interview에서는 잘 이야기하지 않는 속마음을 알아볼 수 있는 가장 기본적이고 정확한 자료입니다. 저는 마케터들이 1년에 한 번씩 정기적인 소비자조사를 통해 파악하곤 하는 브랜드 인지도보다, 경쟁사와 자사의 브랜드 검색량 변화를 모니터링하는 게 훨씬 쉽고, 소비자들의 관심도를 실시간으로 볼 수 있는 방법이라고 생각합니다.

검색은 소비자들이 특정 제품군과 브랜드를 검토하고 구매할 때 가장 기본적으로 사용하는 툴이라는 점에서도 중요합니다. TV처럼 시간과 노력을 들이는 고관여 제품의 구매 과정을 예로 들어볼게요. 특정 브랜드에 대한 충성도가 매우 강하고 돈도 많아서 그냥 집 근처 LG전자나 삼성전자 대리점에 가서 둘러보고 점원이 추천하는 제품을 사는 사람도 있겠지만, 대부분의 소비자들은 수십 차례 검색부터 할 것입니다. LG전자는 OLED TV를, 삼성전자는 QLED TV를 판매하며 서로 화질이 우수하다고 주장하는데 과연 어떤 기술이 더 좋은지, 나의 주 시청 목적에 더 부합하는 TV는 무엇인지를 구글이나 네이버에서 검색하겠죠. 그리고 기업 웹사이트의 설명을 읽고, 아마존이나 네이버에 들어가서 실제 사용자들의 후기글을 읽고, 전자제품을 리뷰하는 유튜버들이 올린 두 제품의 비교 영상을 보면서 최종 후보군을 압축할 것입니다.

일부 소비자들은 65인치나 75인치가 과연 실제로 얼마나 큰지 보기 위해 집 근처 매장을 찾기도 합니다. 집에 맞는 사이즈와 모델명을 정한 뒤, 바로 모바일로 검색해서 매장 가격과 온라인 쇼핑몰 가격을 비교합니다. 해외 직구를 하면 얼마나 돈을 아낄 수 있는지도 검토해보겠죠. 이런 과정에서 소비자가 여러 차례 검색한 기록들은 마케터에게 유의미한 데이터가 됩니다.

여러분이 담당하는 브랜드, 또는 좋아하는 브랜드와 경쟁 브랜드들의 검색량을 비교해보세요. 놀랍게도 브랜드별 검색량이 시장 점유율과 거의 일치하는 걸 볼 수 있을 겁니다(물론 아마존이나 테슬라처럼 제품보다 주식 때문에 검색량이 폭증하는 예외도 있습니다).

검색량을 비교할 때 유용한 툴은 구글이 제공하는 구글트렌드입니다. 가장 기본적이고 오래된 툴로, 유튜브에서의 검색량도 확인할 수 있습니다. 네이버에서도 네이버 데이터랩이라는 비슷한 툴을 제공합니다. 무료로 사용할 수 있지만, 단점도 있습니다. 검색량을 정확히 알려주기보다는 상대적으로 비교해 검색량이 높은 순으로 줄 세워 보여줍니다. 검색량이 적은 키워드들은 찾아보기 어렵습니다. 네이버에 검색 광고를 집행하면 검색 광고주를 대상으로 제공하는 툴을 활용해서 검색량을 좀 더 구체적으로 볼 수 있고, 검색량이 적은 키워드도 확인할 수 있습니다.

얼마 전에 세대별 검색 플랫폼에 대한 농담을 들었는데요, '40대 이상은 네이버, 30대는 구글, 20대는 인스타그램, 10대는 유튜브'라고 합니다. 마케터라면 이 말을 농담으로만 받아들이면 안 됩니다. 맛집, 유통, 패션 등 20~30대 여성들이 주요 타깃인 브랜드의 담당자라면, 인스타그램 해시태그별 콘텐츠 개수도 지속적으로 모니터링해야 합니다. 일례로 2021년 여의도에 오픈한 '더현대서울' 해시태그의 게시물 수는 9월 기준 19만 개나 되며, 관련 해시태그들의 게시물 수까지 합치면 더 많을 겁니다.

더 나아가 구글애널리틱스를 통해 소비자들이 어떤 키워드를 검색해 브랜드 웹사이트로 들어왔는지도 보시기 바랍니다. 가능하면 검색 광고 결과 리포트를 통해 키워드별 검색량과 클릭률, 전환율 등도 살펴보세요. 브랜드가 강조하고 싶은 제품의 기능, 구매 동기를 일으키는 지점들을 소비자들이 인지하고 검색하는지, 아니면 전혀 다른 키워드로 검색하는지 보고, 소비자들이 주로 검색하는 키워드를 적용해 웹사이트나 광고 콘텐츠를 업데이트하세요.

애초에 광고 카피나 제작물을 선정할 때 데이터를 사용하는 것도 좋습니다. 예전에는 여러 사람들의 의견을 모아서, 또는 의사결정권자의 의견에 따라 광고 하나만 결정해 집행하고 절대 변경하지 않는 게 원칙이었습니다. 제작 비용이 많이 드는 TV 광고 등은 여전히 변경하기 어렵겠지만, 제작비가 적고 쉽게 변경할 수 있는 검색 광고의 카피나 배너 광고 제작물은 꾸준히 살피며 변화를 주는 게 좋습니다. 적은 예산으로라도 A/B 테스트를 꼭 진행하고, 광고 클릭률이나 전환율을 통해 고객들의 반응을 모니터링하세요. 가장 반응이 좋은 카피나 제작물에 남은 예산을 집행하세요. 요즘은 페이스북이나 구글의 자동 최적화가 더 성과가 좋은 경우도 많습니다. 웹사이트나 앱의 콘텐츠 역시 A/B 테스트를 통해 고객들의 반응률을 높일 수 있습니다.

손안의 스마트폰에 쌓이는 개개인의 데이터부터, 기업의 각 조직들이 갖고 있는 문서와 정보들, 구글트렌드와 네이버 데이터랩을 통해 얻을 수 있는 외부 데이터 등 데이터는 어디에나 있습니다. 그 양이 방대해 우리가 미처 헤아리지 못하는 데이터나 중요하다고 생각지도 못하는 데이터도 많습니다. 이 모든 데이터에서 유의미한 흐름을 찾고, 고객 스스로도 몰랐던 니즈를 발견하고, 새로운 가치를 만드는 것은 디지털 시대의 마케터에게 요구되는 중요한 능력입니다. 데이터는 디지털 마케터가 혁신을 이루는 데 가장 기본적인 원동력이 되어줄 것입니다.

과거 마케터들이 감으로 집행하거나,
누군가가 일일이 수작업으로 '노가다' 하던 일이
자동화되고 있습니다.
마케터는 이러한 마케팅 기술뿐 아니라
소비자들의 삶을 바꾸는 '메타버스' 같은 기술에도
늘 관심을 가져야 합니다.

# 기술
## ; 자동화는 필수, 삶을 바꾸는 기술에 주목한다

몇 년 전 모 대기업의 계열사 마케터들을 대상으로 강의 요청을 받은 적이 있습니다. 주제는 '아마존의 데이터 마케팅'이었습니다. 잘 알고 있는 분야였지만 강의에서 어떤 말을 해야 할지 많이 고민했습니다. 아마존의 B2C 마케팅, 즉 아마존 방문자를 대상으로 하는 마케팅은 상당 부분 자동화되어 있는데, 마케터 분들에게 자동화를 이야기하면 마치 '이제 당신들의 일자리는 곧 없어질 거예요' 같은 의미로 받아들여질 수 있잖아요. 그러나 지금은 고민 없이 '받아들여야 한다'고 말합니다. 기술의 발전이 인간의 직업을 대체하는 게 마케팅 분야만은 아니니까요.

지금 아마존은 고객이 최근에 구매하거나 검색한 것을 바탕으로, 구매할 확률이 높은 제품을 자동으로 홈페이지에서 추천합니다. 소비자가 특정 제품 페이지를 볼 때도 '이 제품과 함께 구매한 제품' '이 제품을 본 고객들이 같이 살펴본 제품들' 등 맞춤형 추천도 제공합니다. 아마존을 방문하는 수억 명의 고객들에게 맞는 수억 개의 홈페이지가 자동으로 생성, 제공되는 셈이지요.

처음에는 정확도도 낮고 추천 제품 가짓수도 제한돼 있었을 것입니다. 하지만 고객 수억 명의 데이터를 꾸준히 모으고 알고리즘을 지속적으로 정교화하여, 콘텐츠의 범위와 양이 점차 증가하고 추천의 정확도 역시 크게 개선되었겠죠. 고객에게 자동으로 발송되는 이메일 역시 철저하게 개인화되어 '당신이 보기만 하고 사지 않았던 제품의 가격이 내려갔다' '당신이 구매했던 책과 관련된 추천 도서' 등의 내용을 담아, 스팸이 아니라 유용한 정보로 느껴 메일을 열어 보게 만듭니다. 아마존 매출의 35% 이상이 이와 같은 고객 맞춤형 추천에서 나온다고 하니, 그 효과가 어마어마합니다.

상품 추천이나 이메일 마케팅만 자동화된 게 아닙니다. 웹사이트별로 배너 광고 지면을 구매하고, 캠페인별로 성과를 비교하며 집행했던 디지털 광고 역시 상당 부분 알고리즘이 대체했습니다. GDNGoogle Display Network이나 프로그래매틱 바잉Programmatic Buying 솔루션을 이용하면 예산 내에서 광고주가 원하는 타깃에게 광고가 자동으로 노출됩니다. 광고 성과 최적화 역시 사람이 하는 것보다 구글과 페이스북의 알고리즘이 더 나은 실력을 보여줍니다.

이처럼 기술은 과거 마케터들이 감으로 집행하거나, 누군가가 일일이 수작업으로 '노가다' 하던 일을 자동화하고 있습니다. 그렇다면 여러분의 일은 사라질까요? 최신 기술을 활용해 단순반복적인 업무는 자동화하고, 기존에 없던 새로운 마케팅을 해낼 수 있는 마케터, 기계가 대체할 수 없는 크리에이티브한 일을 하는 마케터의 몸값은 올라갈 겁니다. 반대로 신기술 도입을 꺼리며 기존 방식을 답습하는 마케터는 나중에 설 자리가 없어질 수도 있습니다.

마케팅 관련 기술보다 더 중요한 건, 삶을 근본적으로 바꾸는 기술입니다. 몇 년 전에 도입되었지만 콘텐츠 부족과 기기의 불완전함으로 성장하지 못하다가 메타버스Metaverse 시대를 맞아 본격적인 성장기에 돌입한 증강현실AR, 가상현실VR 기술, 우리의 경제 생활 전반을 바꿔놓을 파괴력을 가진 블록체인 등을 들 수 있겠죠.

발빠른 마케터들은 이렇게 새로운 기술이 나올 때 누구보다 먼저 올라타서 새로운 마케팅을 시도합니다. 글로벌 가구회사 이케아

출처 : www.ikea.com

이케아는 증강현실 기술을 활용한 앱 이케아 플레이스를 통해
가구를 온라인으로 구입할 때
흔히 하는 고민을 해결했습니다.

IKEA는 2017년 AR 기술을 활용한 앱 이케아 플레이스IKEA Place를 선보였습니다. 내 집에 이케아 가구나 인테리어 소품을 배치했을 때 어떻게 보일지 미리 체험해볼 수 있습니다. '이게 우리 집에, 내 방에 어울릴까?'처럼 가구를 온라인으로 구입할 때 흔히 하는 고민을 기술로 해결한 거죠.

최근 로블록스Roblox, 포트나이트Fortnite, 제페토ZEPETO 등 다양한 형태의 메타버스 서비스 플랫폼이 10~20대에게 인기를 끌기 시작했습니다. 마케터들이 이런 트렌드를 놓칠 리가 없죠. 2019년 9월, 명품 브랜드 루이비통이 리그오브레전드(League of Legends, 줄여서 롤LoL이라 부르기도 합니다)와 파트너십을 맺고 '롤드컵' 우승 트로피를 보관할 수 있는 맞춤형 케이스를 제작했습니다. 루이비통 여성복 예술 감독이 디자인한 스킨, 캡슐 컬렉션도 선보였고요. 이 소식을 처음 들었을 때 정말 놀랐습니다. 롤 게이머는 대부분 10~20대 초반 남성이라 루이비통의 고객과는 거리가 먼데, 왜 저런 결정을 했을까 하고요. 하지만 곧 명품 브랜드들의 효자 시장인 중국에서 롤이 엄청난 인기를 끌고 있다는 점을 생각하고는, 젊은 층을 대상으로 한 매우 효과적인 메타버스 마케팅이라고 결론내렸습니다.

미국에서 큰 인기를 끌고 있는 포트나이트 게임 유저들은 나이키가 제작한 콘텐츠를 구매하고, 가수 트래비스 스콧Travi$ Scott의 콘

출처 : www.riotgames.com

명품 브랜드 루이비통이 리그오브레전드와 파트너십을 맺고 루이비통 스킨 등을 선보였습니다. 명품 브랜드들의 효자 시장인 중국에서 롤이 엄청난 인기를 끌고 있다는 점을 생각하면, 젊은 층을 대상으로 한 매우 효과적인 메타버스 마케팅입니다.

서트를 함께 즐기고, BTS의 신작 뮤직비디오를 같이 시청하기도 합니다. 또 다른 명품 브랜드 구찌는 제페토와 제휴를 맺고 구찌 IP를 활용한 다양한 패션 아이템과 3D맵을 선보였습니다. 지금은 기존의 오프라인 마케팅을 메타버스 세상으로 옮기는 수준에 머물러 있지만, 미래에는 메타버스에서 소비자들과 직접 소통하며 브랜드를 경험하는 다양한 사례가 나올 수 있다고 생각합니다. 이렇게 소비자들의 삶을 바꿔놓는 기술에도 마케터는 늘 관심을 갖고, 새로운 기술이 나오면 이걸 어떻게 마케팅에 활용할지 고민하는 습관을 가져야 합니다.

그렇다고 새로운 기술을 도입하는 것에만 집착하지 마세요. 그보다 중요한 것은 늘 겸손하게 새로운 것을 배우겠다는 자세와 마음가짐입니다. 불과 20년도 안 되는 시간 동안 마케팅 환경은 완전히 바뀌었고, VR이 대중화되면 또 어떻게 바뀔지 아무도 모릅니다. 신기술을 많이 알고 있다는 것만으로는 마케터로서의 미래가 전혀 보장되지 않습니다. 마케터에게 기술보다 중요한 본질은 콘텐츠입니다. 새로운 광고 솔루션이나 신기한 첨단 기술이 빈약한 마케팅 콘텐츠를 보완해줄 수 없다는 사실을 잊지 마시기 바랍니다.

디지털 시대의 소비자들은
좋아하는 브랜드의 제품을 구경하고
쇼핑하는 것에 그치지 않고,
그 브랜드와 함께 성장하고 싶어 합니다.

# 커뮤니티
## ; 소비자와 함께 브랜드를 성장시킨다

제가 구글에 재직 중일 때, 라이엇게임즈의 채용 담당자 분께 커뮤니티 마케팅 팀장 자리를 제안받았습니다. 그때까지만 해도 국내에는 '커뮤니티'라는 용어 자체가 생소했기에 어떤 일을 하는지 궁금했습니다. 라이엇게임즈의 리그오브레전드(이하 롤)는 국내에 수백만 명의 게이머를 보유한 1위 PC게임이었고, 커뮤니티 마케팅은 그 게이머들이 모인 온라인 커뮤니티를 대상으로 콘텐츠 마케팅을 하고, 커뮤니티에서 게이머들과 직접 소통해 발굴한 인사이트를 게임과 서비스에 반영하는 일이었습니다.

당시 10년 넘게 광고 관련 일만 해왔던 저는 디지털 플랫폼, 특히 커뮤니티를 통해 브랜드와 소비자가 직접 의사소통 하는 상황이 흥미로웠습니다. 매스미디어를 활용한 대규모 광고도 중요하지만, 소비자와 직접 커뮤니케이션하면서 소비자들의 의견과 인사이트를 토대로 상품을 기획하고 개선하는 것 역시 마케팅의 중요한 역할이라 생각했습니다. 원래 저는 게임을 그리 좋아하지 않았습니다만, 커뮤니티 마케팅을 제대로 해볼 수 있는 좋은 기회라고 생각해 롤을 연습하면서까지 라이엇게임즈에 입사했습니다.

라이엇게임즈에서 1년 2개월간 커뮤니티를 담당하면서, 그 전과는 완전히 다른 세계를 경험했습니다. 인벤, 루리웹 등 이전에는 한 번도 들어보지 못했던 커뮤니티에는 수십만 명의 게이머들이 하루에도 여러 차례 방문하며 롤을 즐기는 방법을 이야기하고 있었습니다. e스포츠 시즌이 되면 응원하는 팀의 경기 결과 등에 대해 토론했고요.

한국 롤 게이머 커뮤니티의 동향에 대해서는 라이엇게임즈 미국 본사에서도 큰 관심을 보였습니다. 한국의 게이머는 중국이나 미국에 비하면 그 수는 적지만, PC방 문화 등으로 인해 전 세계 어떤 나라보다도 경쟁적이고, 본인 등급에 민감하며, 새로운 챔피언(캐릭터)이나 기능이 나오면 누구보다도 먼저 사용해보고 경험을 공유하는

'이노베이터'들입니다. 페이커 등 세계 최고의 롤 프로 게이머들 상당수가 한국인이고, 그들의 동향 역시 전 세계 롤 게이머들의 큰 관심사입니다.

평소라면 게임에 대한 게이머들의 반응을 모니터링하고, 커뮤니티에서 게이머들과 직접 이야기를 나누며 사이좋게 지낼 수 있었을 겁니다. 하지만 제가 입사한 지 얼마 안 돼, 라이엇게임즈가 여러 가지 사건들로 인해 한국 롤 게이머들에게 엄청난 비난을 받았습니다. 그중에는 한국 지사의 정책과 대응 문제도 있었고, 본사에서 새로 개발한 기능이 한국 상황에 맞지 않아 발생한 문제도 있었습니다. 어찌됐든 커뮤니티팀은 최전선에서 게이머들에게 회사의 입장을 설명하면서 욕을 먹었고, 제 팀원들은 감정적으로 너무나 힘든 시간을 보냈습니다.

팀장으로서 저는 한국 롤 게이머들의 입장을 대변해 본사에 전달하고, 한국 상황에 맞도록 정책을 변경했습니다. 게이머들의 불편을 해결해주기 위해 한국 전용 기능을 개발해야 한다고 설득하기도 하고요. 제가 게임을 좋아하지 않다 보니 라이엇게임즈에 근무한 기간이 길지는 않았지만, 소비자조사 등 간접적인 방법이 아닌 고객들의 의견을 최전선에서 듣고 소통한 경험은 큰 도움이 되었습니다. 그중에서도 크게 깨달은 점은 고객들은 마케터가 가르치고 제품을 설명해야 할 대상이 아니라는 사실입니다. 오히려 고객들이 마케터보다 전문가일 수도 있다는 점을 인정하고, 고객에게 배우겠다는 진심어린 마음으로 커뮤니티를 대하게 되었습니다.

커뮤니티와 함께하는 마케팅은 게임 업계만의 일이 아닙니다. 아날로그 시절에는 바이크 브랜드 할리데이비슨이 강력한 커뮤니티와 팬덤을 자랑했고, 디지털 시대 들어서는 글로벌 기업 샤오미, 국내에서는 무신사와 오늘의집 등이 커뮤니티와 협업을 잘 하는 우수 사례로 꼽힙니다.

그중 샤오미의 사례는 샤오미의 CMO 리완창이 직접 쓴 책《참여감》을 통해 자세히 알 수 있습니다. 책 내용에 따르면 샤오미의 커뮤니티 중심 경영은 창업자 레이쥔의 철학에서 시작됐습니다. 그는 '과거에는 소비자에게 제품을 판매하고 나면 그것으로 끝이었다. 하지만 지금은 그때부터 소비자와의 관계가 시작된다. 제품을 판매한 뒤에도 소비자와 끊임없이 상호교류하면서 사용자 참여를 통해 제품을 더욱 개선시켜 나가야 한다'고 말했죠.

대부분의 사람들은 샤오미를 오해하곤 합니다. '애플을 카피한 예쁜 디자인에 가성비 좋은 스펙의 휴대폰'이라고요. 사실 샤오미의 가장 큰 장점은 MIUI라는, 안드로이드를 기반으로 개발한 자체

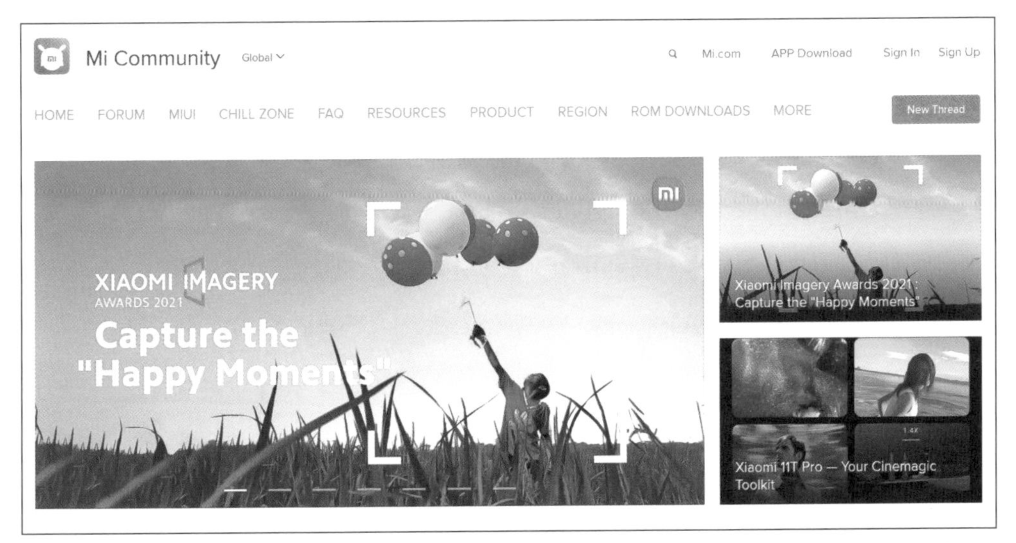


출처 : c.mi.com/global

샤오미는 소비자들의 피드백을 개발에 적극 반영하며
소비자들의 요구에 호응하는 것을 가장 중요하게 여깁니다.
최고경영진도 커뮤니티에서 고객들과 직접 소통할 정도니까요.

운영체제입니다. MIUI 개발팀은 전자게시판에서 사용자들과 상호 교류하며 운영체제를 매주 업데이트합니다. 샤오미는 '10만 명으로 이뤄진 인터넷 개발팀을 만들자'는 아이디어를 실현했고, 이는 곧 브랜드의 성공 원동력이 되었습니다.

기존의 브랜드 마케팅이 인지도, 호감도, 충성도를 순서대로 쌓아가는 방식이었다면, 샤오미는 반대로 호감도, 충성도, 인지도 순이었습니다. 즉 초기 소비자들의 호감도와 충성도를 높이기 위해 노력했고, 여러 커뮤니티에서 활동하는 핵심 소비자들과 관계를 맺어나갔습니다. 핵심 소비자들이 주위 사람들에게 샤오미를 알리며 인지도를 높였고요. 샤오미는 대기업에서 흔히 볼 수 있는 정량적 목표KPI, Key Performance Indicator 대신, 소비자들의 피드백을 개발에 적극 반영하며 소비자들의 요구에 호응하는 것을 가장 중요하게 여깁니다. 최고경영진도 커뮤니티에서 고객들과 직접 소통할 정도니까요.

샤오미의 이런 전략은 가성비로만 승부하는 다른 중국 전자업체들은 물론, 삼성전자 등 글로벌 기업들과의 차별화 포인트입니다. 지금의 젊은 소비자들은 좋아하는 브랜드의 제품을 구경하고 쇼핑하는 것에 그치지 않고, 참여를 통해 그 브랜드와 함께 성장하고 싶어 한다는 점을 간파한 것입니다.

국내 온라인 쇼핑몰 중 남성 패션 분야의 선두 주자인 무신사는 커뮤니티로 시작해 온라인 쇼핑몰로 사업을 확장한 사례입니다. 2001년 '신발 덕후'였던 조만호 대표는 프리챌에 '무지하게 신발 사진이 많은 곳'이라는 커뮤니티를 만듭니다. 그 후 국내 최대의 스트리트 패션 커뮤니티가 된 무신사는 2009년 무신사스토어를 론칭하면서 온라인 쇼핑 사업을 시작했습니다. 젊은 남성 고객들의 막강한 충성도를 바탕으로 남성들에게 인기가 많은 스트리트 캐주얼 브랜드들을 지속적으로 입점시키며 성장했습니다. 최근에는 가성비 좋은 PB 브랜드인 무신사스탠다드를 출시해 대박이 났고, 여성들을 위한 우신사 쇼핑몰을 출시하는 등 지속적으로 사업을 확장하고 있습니다.

사업 확장세 속에서도 무신사는 커뮤니티에서 출발한 쇼핑몰이라는 정체성을 그대로 유지하고 있습니다. 무신사 홈페이지에 들어가면 가장 먼저 보이는 '랭킹'과 '업데이트'는 일반 쇼핑몰과 비슷하게 인기상품, 신상품을 소개하는 메뉴입니다. 그다음부터 보이는 카테고리는 남성 고객들에게 옷 잘 입는 방법을 알려주는 패션 잡지 같은 역할을 합니다. 코디 이슈, 코디숍, 룩북, 스냅 등 패션 팁을 알려주는 메뉴들이 있고, 구독자가 20만 명이 넘는 유튜브 채널 '무신사TV'도 소개하고 있습니다. 특히 '스트릿 스냅'에서는 무신

출처: www.musinsa.com

무신사는 커뮤니티에서 출발한 쇼핑몰이라는 정체성을 그대로 유지하고 있습니다. 특히 '스트릿 스냅'에서는 옷 잘 입는 일반인들의 패션을 볼 수 있습니다. 다른 패션 브랜드들이 일반인과는 거리가 먼 모델들의 사진을 주로 선보이는 것과 달리 패션 커뮤니티의 성격을 잘 보여주는 메뉴입니다.

사 리포터들이 길거리에서 옷 잘 입는 일반인들의 허락을 받아 찍은 사진을 볼 수 있는데, 다른 패션 브랜드들이 일반인과는 거리가 먼 모델들의 사진을 주로 선보이는 것과 달리 패션 커뮤니티의 성격을 잘 보여주는 메뉴입니다.*

디지털 마케터는 사용자들이 커뮤니티 공간에서 활발히 놀 수 있도록 장을 마련해야 합니다. 하지만 상당수의 기업들은 커뮤니티에서 소비자들과 직접 소통할 준비가 되어 있지 않거나, 이제 시작하는 단계입니다. 아직 커뮤니티에서 적극적으로 마케팅하기 어려운 분들께 제가 추천하는 방법은, 세 개의 커뮤니티에 가입해서 활동해보시는 겁니다.

먼저 개인적으로 강력한 팬심을 갖고 있는 브랜드의 커뮤니티에 가입해서 활동해보세요. 저도 테슬라 모델3를 주문하기 전 테슬라 사용자 커뮤니티 여러 곳에 가입했습니다. 온라인으로 주문해야 하는 테슬라의 특성상 다른 자동차 회사와는 달리 영업사원의 도움없이 혼자 알아서 준비해야 할 것들이 많았기 때문입니다. 커뮤니티에서 열심히 활동한다고 누가 보상을 주는 것도 아닌데, 자신의 경

---

* 엄지용, "무엇이 무신사를 '커뮤니티 커머스'의 제왕으로 만들었나", 바이라인네트워크, 2021.1.26.

험과 시행착오를 일목요연하게 정리해 공유하는 사람들이 정말 많아서 놀랐습니다. 테슬라 초기 구매자들 중에 얼리어답터가 많아서 그런지 커뮤니티에 공유하는 정보의 깊이도 깊었고요. 워낙 도움을 많이 받다 보니 저도 좋은 정보가 있으면 커뮤니티에 공유해야겠다는 생각이 저절로 들 정도였습니다.

그렇게 해서 커뮤니티의 특징에 익숙해지면, 자신이 담당하는 브랜드나 업종과 관련된 온라인 커뮤니티에 가입해 살펴보세요. 뽐뿌, 클리앙, 82쿡, 보배드림, 루리웹, DVD프라임, 디시인사이드 등 다양한 커뮤니티들이 있습니다. 일부 커뮤니티에 있는 반말체나 정치적인 글들이 눈에 거슬릴 수도 있으나, 소비자들이 브랜드와 제품에 대해 어떤 정보를 공유하는지, 각 브랜드에 대한 소비자들의 반응이나 여론은 어떤지 파악할 수 있을 겁니다. 커뮤니티에서 발견한 의견이나 인사이트를 업무에 활용할 수도 있고요.

세 번째로는 마케터들의 커뮤니티에 참여해보세요. 브랜드 마케터, 브랜드에 관심 있는 사람들의 커뮤니티에서 출발해 이제는 브랜드 경험 플랫폼이 된 Be my B, 트레바리에서 마케팅과 브랜딩 관련 책을 읽는 모임을 추천합니다. 다양한 업종, 브랜드의 마케터들과 만나면서 평소 회사 동료들과는 다른 새로운 시각과 관점을 접할 수 있고, 다른 마케터들은 어떻게 일하는지 들을 수 있습니다.

커뮤니티 마케팅이 기존 미디어 마케팅과 가장 다른 점은 일방적으로 주입하지 않는다는 점입니다. 지금은 소비자와 기업 사이의 정보 수준이 동등하고, 소비자끼리도 언제 어디서나 교류할 수 있습니다. 일부 소비자들은 기업 마케터를 능가하는 전문 지식을 갖추고 있습니다. 이런 상황에서 마케터가 제품의 기능과 장단점을 철저하게 이해하지 않고 과거처럼 주요 장점 위주로만 커뮤니케이션한다면, 소비자들과 제대로 소통하기는커녕 곧바로 문제점을 지적당할 수 있습니다.

기존의 마케팅이 소비자들에게 광고 폭격을 퍼붓고 세뇌하듯 제품의 장점을 주입했다면, 이젠 콘텐츠를 잘 만들고 소비자들과 직접 소통하는 것이 중요합니다. 마케터는 우수한 콘텐츠를 지속적으로 제공하는 미디어가 되는 동시에, 소비자들이 기업의 콘텐츠를 활용해 그들만의 콘텐츠를 만들고 공유할 수 있도록 적극 지원하고, 소비자들의 의견을 겸허하게 듣고 수용해야 합니다.

제품과 서비스에 대한 솔직한 의견을
가장 쉽게 접할 수 있는 채널은
고객들이 온라인 쇼핑몰과
소셜미디어에 남긴 리뷰입니다.
마케터는 고객의 리뷰에서
인사이트를 찾아 상품기획에 기여해야 합니다.

# VOC
## ; 고객의 가장 솔직한 의견에 인사이트가 있다

디지털 시대에 가장 효과적인 마케팅 수단은 우수한 상품입니다. 너무 당연한 이야기 아니냐고요? 디지털 시대 이전에는 마케팅으로 상품의 단점을 어느 정도 가릴 수 있었습니다. 소비자들은 상품에 대한 정보를 기업의 광고와 언론 기사, 매장 직원을 통해서만 접했습니다. 구매 전에 다른 사람들의 의견을 물어보는 것 역시 가족, 친구 등으로 제한되었습니다. 상품에 만족하지 못했더라도 그 불만을 몇몇 주위 사람들에게만 전파할 수 있었고, 제품의 단점이나 치명적인 결함을 고발하는 기사가 나오더라도 대기업 홍보실에서는 광고를 무기로 기사를 내리기도 했습니다.

반면 요즘 소비자들은 디지털 세상의 여러 정보들을 토대로 가장 우수한 제품을 쉽게 찾을 수 있습니다. 광고를 통해 새로운 제품을 인지하는 것은 동일하지만, 광고만 보고 제품을 바로 사는 경우는 별로 없지요. 브랜드 공식 웹사이트의 정보, 쿠팡이나 네이버 등 온라인 쇼핑몰에 다른 구매자들이 남긴 후기와 리뷰를 읽고, 유튜브에서 제품 리뷰 영상을 찾아보는 등 다양한 정보를 통해 제품을 검증합니다. 잘 알려진 대기업이나 브랜드의 제품이라도 문제가 있다면 절대 구매하지 않죠. 처음 들어본 브랜드의 제품이라도 다른 구매자들의 리뷰가 좋다면, 쉽게 지갑을 엽니다.

그래서 저는 디지털 시대 마케터의 역할이 제품의 특징을 알리는 '마케팅 커뮤니케이션'에서, 상품에 대한 소비자들의 의견을 토대로 그들이 원하는 새로운 제품을 기획하거나 기존 제품을 보완하는 '상품기획'으로 상당 부분 바뀌어야 한다고 생각합니다. 제품과 서비스에 대한 솔직한 의견을 가장 쉽게 접할 수 있는 채널은 고객들이 온라인 쇼핑몰과 소셜미디어에 남긴 리뷰이며, 마케터들은 고객의 리뷰에서 인사이트를 찾아 상품기획에 기여해야 합니다.

실제로 이커머스를 통해 글로벌 기업으로 성장한 기업들은 고객 리뷰를 상품기획의 가장 중요한 자료로 사용합니다. 제가 아마존에 있을 때 만났던 기업 중 하나인 슈피겐코리아는 아마존 판매를 통해 연 매출 4000억대의 기업으로 성장했습니다. 슈피겐코리아 김대영 대표는 '슈피겐 직원들은 대표부터 신입사원까지 아마존에 올라온 고객 리뷰를 매일 꼼꼼히 읽고, 고객들이 칭찬하는 내용은 마케팅에 적극 활용하고, 반대로 고객들이 비판하는 부분은 다음 제품에서 꼭 개선 포인트로 활용한다'고 밝혔습니다. 역시 아마존을 통해 연 매출 1조 원 이상을 달성한 중국 앤커의 공동 창업자 조우 Joe Wu 역시 아마존 리뷰를 매일 꼼꼼히 살피며, 심지어 브랜드의 전반적인 만족도 유지를 위해 아마존 고객 평점이 4.5 이하인 제품은 손실을 감수하고 판매를 중단해버린다고 합니다.

국내 기업 역시 예외는 아닙니다. 마켓컬리 김슬아 대표는 한 인터뷰에서 '품질 관리를 위해서 VOC Voice of Customer는 아침저녁으로 읽는다. 거의 종교적인 수준이다. 불만이나 SNS에 올라오는 것들을 다 읽는다. 마켓컬리는 음식 장사다. 트렌드 변화에 따라 바뀌는 고객의 입맛에 맞춰야 한다'고 말했습니다.*

우리나라 소비자들과 마케터들은 예전에는 리뷰를 그다지 중요

---

* 김기정·박대의, "마켓컬리 성장비결은? 매주 금요일 김슬아의 5년을 갈아 넣었다", 매일경제, 2020.5.21.

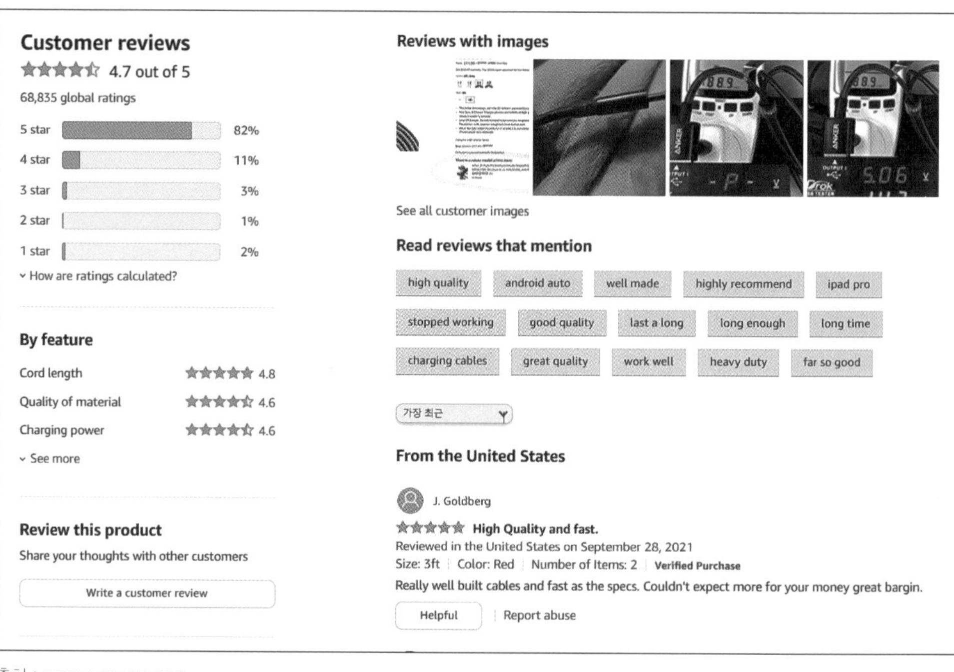

출처 : www.amazon.com

이커머스를 통해 글로벌 기업으로 성장한 기업들은
고객 리뷰를 상품기획의 가장 중요한 자료로 사용합니다.
중국 앤커의 공동 창업자 조우 역시 아마존 리뷰를 매일 꼼꼼히 살피며,
심지어 브랜드의 전반적인 만족도 유지를 위해
아마존 고객 평점이 4.5 이하인 제품은
손실을 감수하고 판매를 중단해버린다고 합니다.

하게 생각하지 않았습니다. 우선 아마존처럼 압도적인 시장 점유율을 가진 온라인 쇼핑몰이 없었고, G마켓, 옥션, 11번가에는 의미 있는 고객 리뷰가 없었습니다. 아마존과 달리 동일한 상품이라도 각 셀러가 제품 상세 페이지를 만들어 올리는 구조여서 고객 리뷰가 여러 페이지로 분산되었고, 리뷰를 남겨도 아무런 보상이 주어지지 않았기 때문입니다. 기껏해야 '배송이 빨라요' 같은 아무 의미 없는 리뷰만 달렸습니다. 블로그에 남긴 소비자들의 리뷰를 검색해봐도, 기업들이 '작업한' 사용후기들이 주를 이뤄 큰 도움이 되지 않았습니다.

하지만 쿠팡과 네이버가 국내 이커머스 시장을 혁신하면서 상황은 바뀌었습니다. 아마존과 유사하게 동일한 상품의 정보를 모아서 보여주기 시작했고, 풍부하고 퀄리티 있는 리뷰가 소비자들의 구매에 결정적인 역할을 한다는 것을 알게 되면서 리뷰를 남기면 포인트를 적립해주는 등 다양한 보상을 제공했습니다. 그리고 두 회사의 점유율이 높아지면서 고객들이 쇼핑에 참고할 수 있을 만큼 리뷰의 질적, 양적 성장이 이뤄졌습니다. 이제는 글로벌 기업들이 아마존 리뷰를 매우 중요한 고객 인사이트 파악 자료로 활용하듯이 두 쇼핑몰의 리뷰 역시 중요한 가치를 갖게 되었습니다.

쇼핑몰의 리뷰 외에도 '소셜 리스닝' 역시 마케터에게 매우 중요합니다. 고객들이 소셜미디어에 제품과 서비스에 대해 어떤 리뷰를 남기는지 지속적으로 모니터링하고, 담당 제품의 치명적인 단점을 언급하거나 고발하는 내용이 있다면 유관 부서와 빠르게 협의해서 대처해야 합니다. 그 과정에서 결과적으로 상품기획에 기여함은 물론이고요.

최근 이러한 마케팅 환경의 변화를 무시하고 예전 방식으로 대처하다가 큰 화를 입은 사례가 있었습니다. 2021년 4월, 전자·IT 제품 리뷰어로 유명한 유튜버 잇섭은 KT의 문제점을 비판하는 영상을 올렸습니다. 본인이 매년 8만 원 이상의 요금을 지불하고 KT의 10GB 인터넷을 쓰고 있었는데, 속도를 측정해보니 본인이 가입한 상품 속도의 1%인 100MB밖에 되지 않는다고요. KT고객센터에 문의했더니 설정 변경만으로 쉽게 해결할 수 있는 문제인데도 '고객이 직접 속도를 자주 측정하고 속도가 안 나오면 연락해야 한다' '배상은 해주기 어렵다'는 답변을 받았다며 문제를 제기했습니다. 해당 영상의 조회수는 200만 건을 넘었고, 커뮤니티를 통해 급격히 전파되기 시작했습니다.

문제는 KT의 대응이었습니다. 첫 대응은 대행사를 통해 잇섭에게 연락해 '영상을 내려 달라'는 것이었고, 그 이유를 물으니 'KT

내부에서 난리가 났다'고 했다는 겁니다. 그리고 잇섭이 사건 이전에 촬영했던 KT 광고 영상을 유튜브에서 비공개 처리해 다시 한 번 여론의 빈축을 샀습니다. 그 후에도 '인터넷 이전 설치 과정에 문제가 있었다' '고객센터의 대응에 실수가 있었다' 등 소극적으로 대응하다 여론이 악화되자 사장이 직접 사과하기에 이릅니다.

제 추측이지만, KT의 젊은 실무자들은 잇섭에게 영상을 내리라는 요구는 문제를 해결할 수 없는 최악의 접근법임을 알았을 겁니다. 하지만 내부 보고 과정에서 유튜버의 영향력을 우습게 본 고위 경영진이 '우리 광고 모델하던 유튜버가 감히 우리 제품을 비판하는 영상을 올려? 당장 대행사 시켜서 내리라고 해!'라고 지시했을 것입니다.

과거 소비자는 불만이 있더라도 그 목소리를 다른 소비자들과 공유할 채널이 없었습니다. 기업 입장에서는 그 소비자와 적당히 타협하면 다른 소비자들은 모르게 넘어갈 수 있었으니 소비자의 목소리를 무시하는 경향도 있었습니다. 하지만 이제는 그런 식으로 기업이 '갑질한다'는 것 자체가 온라인을 통해 순식간에 확산되는 시대입니다. 호미로 막을 일을 가래로 막는 우를 범하지 않아야 합니다.

이커머스는 기업과 고객의 접점을 확대하고
우리 기업만의 데이터를 확보하는
중요한 창구라는 점에서
영업 채널 확대 그 이상의 의미를 가집니다.

# 이커머스
## ; 우리 기업만의 매출과 데이터를 동시에 잡는다

몇 년 전만 해도 대부분의 기업에서 이커머스는 마케터의 업무와는 거리가 멀었습니다. 기업 내에서 영업과 마케팅 조직은 완전히 분리돼 있었고, 온라인 쇼핑이 대중화된 이후에도 제조업체나 브랜드에서 소비자들에게 직접 판매하는 경우가 거의 없었기 때문이죠. 오프라인에서 대리점을 통해 영업했듯이, 온라인에서도 대리점이나 셀러를 통해서 판매했기 때문에 이커머스는 온라인 영업팀의 영역이었습니다. 그래서 마케팅팀에서 온라인 마케팅을 하더라도 실제 매출로 얼마나 연결되었는지, 판매 기여도를 측정하기가 어려웠습니다.

하지만 애플이 애플스토어를 론칭하면서 조금씩 달라지기 시작했습니다. 스티브 잡스는 최고의 고객 경험을 제공하기 위해 1997년 온라인 애플스토어를, 2001년 미국에서 처음으로 오프라인 애플스토어를 론칭했습니다. 요즘 많은 기업들이 시도하기 시작한 D2C Direct to Customer 사업 모델의 시작이었죠. 애플스토어는 애플의 제품과 서비스를 체험할 수 있는 최고의 매장이 되는 것은 물론, 영업 측면에서도 전 세계에서 평당 매출액이 가장 높은 매장으로 꼽히는 등 큰 성공을 거뒀습니다. 저도 국내에 애플스토어가 론칭되기 전에는 해외 출장을 가면 꼭 그 도시의 애플스토어에 가곤 했습니다.

애플의 성공사례를 바탕으로 많은 기업들이 온오프라인에서 직접 판매를 시작했습니다. 하지만 기존에 오프라인 유통에 집중했던 기업들은 유통업체의 눈치를 봐야 해서 자사 웹사이트에서 더 싸게 팔기가 쉽지 않았고, 그러다 보니 큰 성공을 거두기 어려웠습니다. 반대로, 유통업체 의존도가 없거나 낮았던 스타트업들은 이커머스를 통한 직접 판매에 주력할 수 있었죠. 마약베개, 퓨어썸샤워기 등으로 유명한 블랭크코퍼레이션, 클럭 마사지기로 유명한 데일리앤코 등이 D2C 이커머스 사업의 성공사례입니다.

그리고 2020년, 전 세계 오프라인 매장을 텅 비게 만든 코로나19는 온라인 쇼핑으로의 전환을 가속화했습니다. 많은 기업이 온라인 대리점이나 도매상을 거치지 않고 D2C 이커머스에 직접 뛰어들었습니다. 국내 대기업 중에는 삼성전자와 LF, 글로벌 기업 중에서는 애플과 나이키가 D2C 이커머스를 성공적으로 잘하는 기업으로 꼽힙니다. 나이키는 2019년 아마존에서 철수하겠다고 발표해서 업계를 놀라게 했죠. 국내에서도 쿠팡 등 오픈마켓에서는 철수한 것으로 보입니다. 그로부터 약 1년 뒤 나이키는 D2C 웹과 앱에서의 구매 경험을 웬만한 온라인 쇼핑몰에 뒤처지지 않도록 강화했습니다. 플러스 멤버들에게만 한정판 제품을 판매하고, 공격적으로 광고를 집행하는 등 노력한 끝에 온라인 판매는 전년 대비 84%나 증가했고, 전체 매출에서 D2C 매출의 비중도 34.8%까지 증가했습니다.*

D2C 쇼핑몰을 직접 만들고 운영하지는 않더라도, 상당수 기업들이 이커머스 사업에 뛰어들고 있습니다. 대리점을 거치지 않고 쿠팡의 로켓배송에 납품, 입점하거나 네이버에 스마트스토어를 개설해 직접 상품을 등록하고, 광고와 배송을 운영하면서요. 쿠팡의

* 박정훈, "[새로운 물결, D2C②] 아마존을 탈출한 에어조던", 이코노믹리뷰, 2021.4.17.

로켓배송은 쿠팡이 제조사로부터 직접 제품을 매입해 판매와 배송을 알아서 합니다. 제조사 입장에서는 일단 쿠팡에 넘기고 나면 판매에 신경쓰지 않아도 된다는 장점이 있지만, 쿠팡에 가격 결정권을 넘겨야 합니다. 반면 네이버 스마트스토어는 '브랜드스토어'라는 기능을 제공해 대형 브랜드들이 자사몰만큼이나 자율적으로 브랜드 콘텐츠를 제공할 수 있도록 해주었습니다.

그 결과 LG생활건강, 매일유업 등 소비재 업체부터 삼성전자, LG전자와 같은 대기업, 한샘, 시디즈와 같은 유명 가구 브랜드들이 네이버 브랜드스토어에 입점을 완료했습니다. 웬만해선 외부 이커머스에 입점하지 않는 글로벌 명품 브랜드인 구찌와 골든구스Golden Goose, 뱅앤올룹슨Bang&Olufsen 등도 입점했습니다. 브랜드스토어 입점 업체는 2020년 9월 기준으로 약 160개에 달한다고 합니다.** 이쯤 되면 이커머스와 그 업무에 대한 지식은 필수라고 할 수 있겠지요.

---

** 황태호, "모든 길은 네이버로 통한다? 유통업계 긴장시키는 '브랜드스토어'", 동아일보, 2020.7.8.
엄지용, "숫자로 보는 네이버 커머스의 오늘, 내일", 바이라인네트워크, 2020.10.29.

출처 : brand.naver.com

네이버 스마트스토어는 '브랜드스토어'라는 기능을 제공해
대형 브랜드들이 자사몰만큼 자율적으로 브랜드 콘텐츠를 제공할 수 있도록 해주었습니다.
웬만해선 외부 이커머스에 입점하지 않는 글로벌 명품 브랜드도 네이버 브랜드스토어에 입점했습니다.
이커머스 업무에 대한 지식은 필수인 시대입니다.

해외 수출 역시 글로벌 이커머스로 빠르게 진화하고 있습니다. 과거에 해외에 시장 진출하는 방법은 크게 두 가지였습니다. 삼성, LG 등 대기업들은 해외에 현지 법인을 세우고 그 지역 유통망을 잘 알고 있는 영업사원을 뽑았습니다. 영업사원은 백화점, 가전제품 전문 매장 등 오프라인 유통 채널에 입점해 제품을 판매했고요. 마케팅 역시 오프라인 매장에서 자사 제품이 잘 보이도록 배치하고, 잘 팔리도록 프로모션하며, 매장으로 고객들을 유도하는 광고를 했지요. 현지에 법인을 내거나 현지인을 채용할 여력이 없는 중소기업들은 국내의 종합상사나 해외 바이어들에게 자사 제품을 넘기면, 그들이 해외 시장에 대신 제품을 팔아주었습니다(드라마 〈미생〉을 보면 쉽게 이해할 수 있습니다).

온라인 쇼핑몰이 생기면서 세상은 바뀌었습니다. 온라인 판매를 시작하는 데에도 물론 돈이 들긴 하지만, 오프라인 대비 정말 적은 초기 투자비용으로 제품을 판매할 수 있습니다. 아마존 등 온라인 쇼핑몰들은 해외 기업과 판매자들이 직접 제품을 등록하고 판매할 수 있도록 지원하고 있습니다. 예를 들어 한국의 화장품 기업들이 예전에는 국내 자사몰이나 쿠팡 등에서만 제품을 팔았다면, 이제는 아마존, 이베이EBAY, 라쿠텐Rakuten 등 미국, 유럽, 일본 사이트에 판매자로 등록해 제품을 판매할 수 있습니다. 아마존의 경우 현지 물류센터에서 제품 보관과 배송을 대신해주는 FBAFulfillment by Amazon 등을 통해 입점 기업이 제품 개발과 마케팅에 더 집중하게 돕습니다. 이제 해외 법인이 없어도 한국 제품을 전 세계 소비자들에게 쉽게 판매할 수 있는 시대가 열린 것이죠.

이커머스의 중요성이 커지면서, 마케팅 콘텐츠를 만들 때 이커머스에서의 활용성을 고려하는 것은 필수입니다. 기본은 인터넷에서 검색할 때 기억하기 쉽도록 다른 브랜드와 차별화되는 브랜드와 제품명을 짓는 것입니다. 이커머스에서는 매장 판매원의 영업능력이 아니라 제품 상세 페이지의 콘텐츠가 제품의 판매를 좌우합니다. 특히 모바일 쇼핑의 비중이 PC보다 커진 요즘, 제품의 장점을 쉽고 재미있게 설명하지 못하거나, 매력적으로 보여주지 못하면 소비자는 바로 이탈합니다. 제품 사진과 동영상 퀄리티에 훨씬 더 신경쓰고 많은 공을 들여야 함은 물론이고, 모바일에서도 잘 보일 수 있도록 제작해야 합니다. 때로는 '짤' '밈' 등을 이용해서 제품의 기능이나 사용법 등을 쉽게 이해할 수 있는 콘텐츠도 만들어야 합니다.

이커머스로 인해 온라인 영업과 온라인 마케팅의 경계는 희미해졌습니다. 이커머스 매출의 성패는 온라인 마케팅 역량에 달린

만큼 온라인 마케팅의 역할과 비중이 커질 수밖에 없습니다. 또한 D2C 이커머스는 기업과 고객의 접점을 확대하고 우리 기업만의 데이터를 확보하는 중요한 창구라는 점에서 영업 채널 확대 이상의 의미를 가집니다. 데이터가 쌓이면 안정적인 서비스를 제공하고 수익을 확보할 수 있으며, 고객에게 더 적합한 제품을 제공하거나 업그레이드하며 추가적인 수익을 낼 수도 있습니다. 궁극적으로 고객에게 더 적합한 콘텐츠와 서비스를 제공함으로써 고객의 이탈을 막을 수 있습니다. 관리해야 할 마켓이 늘어난 것이 아니라 강력한 무기를 얻는 셈입니다.

Skill up

•

# 평생 직업의 시대,
# 커리어 플랜을 써라

제가 처음 디지털 마케팅 업무를 해야겠다고 생각한 건 2007년이었습니다. 당시 저는 제일기획 4년 차, 막 대리로 진급하여 KT의 광고기획자로 일하고 있었습니다. 지금은 디지털을 배제한 캠페인은 생각조차 하기 어렵지만, 그때는 광고대행사 내에 디지털 캠페인 기획팀이 막 생기던 시점이었습니다. 디지털 마케팅을 제대로 배우려면 회사 내 광고팀에서 벗어나 디지털 캠페인을 기획하는 팀으로 옮기거나, 당시 빠르게 성장하던 네이버, 다음 등의 포털회사로 옮겨야겠다고 생각했습니다. 그리고 디지털 마케팅을 배우는 데 도움을 줄 수 있는 사람들의 명단을 적고, 그분들을 찾아뵙고 조언을 들었습니다. 페이스북도, 링크드인도 없던 시절이라 지인들에게 묻고 의견을 듣는 게 유일한 방법이었지요. 결과적으로 이직보다는 회사 내에서 기회를 찾아보는 게 좋겠다는 여러 외부 전문가들의 의견을 듣고, 당시 제일기획에 신설된 '글로벌 인터랙티브'팀에 지원해서 팀을 옮겼습니다. 그때까지만 해도 미래의 커리어가 고민되기는 했지만, 구체적인 계획은 어떻게 세워야 할지 막연했습니다.

그래서인지 2011년 구글 코리아에 입사했을 때, 제 팀장이셨던 신창섭 전무님(현 트위터코리아 대표)과 첫 면담을 했던 때가 여전히 기억에 남습니다. 흔한 덕담이 아닌, 팀장님의 커리어 이력과 향후 플랜을 볼 수 있었기 때문입니다. 신 전무님은 20여 년 동안 대부분 외국계 회사에만 근무하셨고 구글은 여섯 번째 직장이었습니다. 보험 영업으로 시작해 HP에서 마케팅을 하고, 다시 영업으로 돌아가서 외국계 회사 여러 곳을 다니면서 커리어를 발전시켜온 경험과, 향후에는 어떻게 커리어를 발전시킬지에 대한 계획을 보여주셨습니다. 그러면서 저에게도 커리어 개발 계획CDP, Career Development Plan을 세워보라고 하셨습니다.

전무님과의 첫 면담에서 두 가지 충격을 받았습니다. 먼저 커리어 개발 계획을 팀장님이 구체적으로, 스스로 세워보라며 템플릿까지 주는 건 처음 겪는 일이었습니다. 제일기획에서 매년 연말에 향후 희망 업무를 적기는 했으나 형식적이었고, 커리어 개발은 직원이 아니라 회사의 역할이라 여기는 경향이 강했습니다. 회사에서 뛰어난 인재라고 판단하면 핵심 부서에서 근무하게 하고, 해외 지역 전문가나 주재원을 보내서 글로벌 근무 경험을 쌓게 하거나 해외 MBA 비용을 지원해준 뒤, 장기적으로 임원 후보군으로 육성하는 것이죠.

당시 저는 제일기획에서 미래에셋그룹으로, 다시 구글로 두 차례 이직했지만, 장기적인 커리어 계획을 갖고 한 건 아니었습니다. 대행사에서 인하우스in-house 마케터로, 그리고 디지털 플랫폼에서 일하고 싶어서였습니다. 나중에 알고 보니 구글에서는 직원들에게 커리어 계획을 세우도록 독려하고 그 계획을 제대로 실천하고 있는지 정기적으로 체크합니다. 만약 다른 직무나 팀으로 이동을 원한다면 적극적으로 지원해주는 것이 팀장과 리더의 중요한 역할입니다. 2~3년마다 새로운 업무를 배우게 함으로써 직원들의 역량을 육성하고, 만족도를 높이며, 이직과 퇴사율을 낮출 수 있다고 본 것입니다.

두 번째 충격은 꿈의 직장인 구글에 입사한 다음에도 끊임없이 자기계발을 고민하는 전무님의 모습이었습니다. 한국 대기업에서는 임원이 되면 회사에 절대 충성하며 시키는 일은 무엇이든 하고, 회사에서 나가라고 할 때까지 절대 그만두지 않는 것이 불문율이었습니다.

뒷장에서 여러 사례들을 말씀드리겠지만, 구글에서 달성한 본인의 위치에 안주하지 않는 전무님의 모습을 보면서 제 커리어는 회사가 책임져주는 것이 아니라 제가 주도적으로 계획을 세우고 끊임없이 고민해야 하는 것이며, 평생 직장이 아니라 평생 직업을 가져야 한다는 깨달음을 얻었습니다.

이 글을 읽으시는 분 중에 커리어 플랜을 세워본 적이 없는 분들은, 이 기회에 작성해보길 바랍니다. 어떻게 써야 할지 막막하다면, 우선 구글에서 'career development plan example'을 검색해보세요. 다양한 커리어 플랜 템플릿을 볼 수 있습니다.

먼저 자신의 최종 커리어 목표가 무엇인지 생각해보세요. 자신이 진짜 하고 싶은 일을 적어보세요. 저는 구글에서 처음으로 커리어 플랜을 세울 때 CMO가 되겠다고 적었습니다. 꼭 CMO가 아니더라도, 마케터로서의 전문성을 계속 키우고 싶다, 영업과 사업개발 등을 두루 경험하고 CEO가 되겠다 등 각자의 목표가 있을 겁니다. 그 목표를 달성하기 위해 3년, 5년, 10년, 15년 후에는 내가 어디서 어떤 일을 하고 있어야 할지 생각해보고, 템플릿에 적어보세요. 각 단계별로 어떤 역량을 하나씩 갖춰야 할지, 어떤 경험을 쌓아야 할지 생각해보세요. 저는 MBA나 대학원을 다니지 않았지만, 중간에 학습이 필요하다고 생각되면 그 역시 하나의 중요한 과제가 될 수 있습니다.

사회초년생이라면 커리어 목표가 불명확할 수도 있고, 목표는 있더라도 그 목표를 달성하기 위해 어떤 역량을 갖추어야 할지, 어떤 경험을 쌓아야 할지 막막할 수 있습니다. 그럴 때는 같이 일하고 있는 회사의 선배들 또는 해당 분야의 외부 전문가들을 찾아 조언을 구해보세요. 특히 링크드인을 추천하는데, 자신이 생각하는 커리어 플랜을 5~10년 정도 먼저 실천하고 계신 분을 찾아보세요. 친구신청을 할 때 최대한 예의를 갖추면서 구체적으로 질문을 하고, 회사 근처로 찾아갈 테니 30분만 시간을 내달라고 하면 거절하는 분은 많지 않을 겁니다.

어떤 회사든 어느 직무든, 겉으로 보이는 것과 실제는 많이 다릅니다. 겉으로 좋아 보이는 회사나 업종도 그 나름의 단점과 어려움이 있으며, 그런 내용은 인터넷 검색이나 잡플래닛, 블라인드로는 100% 알 수 없습니다. 실제로 현장에 몸담은 사람들의 경험과 시행착오를 만나서 들어보고, 자신의 커리어 플랜이 현실성 있는지, 플랜을 실천하려면 어떻게 하는 게 좋을지 팁을 얻고 구체화하세요. 가능한 여러 사람을 만나서 들어본다면, 다양한 관점과 시각을 얻을 수 있습니다.

저도 링크드인과 페이스북에서 모르는 분들께 많은 연락을 받습니다. 비즈니스와 관련된 제안은 선별적으로 답변하지만, 커리어 관련

상담을 요청하는 분들에게는 짧게라도 모두 답변을 하려고 노력합니다. 전제가 있다면, 배경 설명이 구체적이고 질문이 명확해야 합니다. 뜬구름 잡는 질문에는 답변을 드리기가 어렵죠. 답변하는 입장에서 노파심에 한마디 보태면, 선배들의 경험과 의견을 참고는 하시되 결정은 본인이 하셔야 합니다. 요즘처럼 비즈니스 환경이 빠르게 변하는 시대에 나이 많은 선배들은 커리어 개발에 대해 보수적인 관점을 제시할 수도 있는데요, 그걸 모두 따를 필요는 없습니다.

<table>
<tr><th colspan="4">커리어 개발 계획서</th></tr>
<tr><td rowspan="3">나를 표현할 수 있는 단어들<br><br>학위<br><br>경력</td><td colspan="3">나의 목표 :</td></tr>
<tr><td>단기 목표</td><td>중기 목표<br>(2~5년간)</td><td>장기 목표<br>(5년 이상)</td></tr>
<tr><td colspan="3">현재 나의 경쟁력, 기술, 지식, 경험</td></tr>
<tr><td rowspan="2">내가 중요하게 여기는 가치<br><br>나의 한계</td><td colspan="3">나의 목표를 위해 키워야 할 역량</td></tr>
<tr><td colspan="3">액션 플랜</td></tr>
</table>

# Part 3

# 마케터블한 마케터는 어떤 사람일까

마케터 자신이 전혀 쓰지 않는 제품이라도
훌륭한 전략을 세워서 마케팅을 잘할 수도 있습니다.
하지만 자부심을 갖지 못하는 제품을
어떻게 팔지 하루 종일 고민하고 있다면,
그 마케터는 행복하지 않을 것이라 생각합니다.

# 성공한 덕후
## ; 당신이 사랑하는 브랜드를 마케팅하라

"어떤 회사의 어떤 브랜드를 가장 좋아하세요?" 마케터를 지망하는 인턴들과 면담할 때 제일 먼저 하는 질문입니다. 이유는 하나입니다. 마케터는 회사 내 그 누구보다도 자신이 마케팅하는 브랜드와 제품을 사랑하고, 자신 있게 가족과 친구들에게 권할 수 있어야 하기 때문입니다. 물론 자신이 전혀 쓰지 않는 제품도 얼마든지 훌륭한 전략을 세워서 마케팅을 잘할 수도 있습니다. P&G에서는 고정관념을 깨고 새로운 아이디어를 얻기 위해 일부러 남성 신입사원이 여성용품을, 여성 신입사원이 남성용품을 마케팅하도록 하기도 합니다. 하지만 저는 자신이 자부심을 갖지 못하는 제품을 어떻게 팔지 하루 종일 고민하고 있다면, 그 마케터는 행복하지 않으리라고 생각합니다.

제 경험을 공유해드릴게요. 저는 첨단 IT 제품과 서비스를 정말 좋아합니다. 그래서 제일기획에서도 KT와 삼성전자 등의 광고를 담당했고, 광고주의 추천으로 구글 코리아에 입사해서도 삼성전자와 LG전자의 디지털 마케팅 전략 컨설팅 및 광고 영업을 담당했습니다. 당시 유튜브가 혜성처럼 등장했는데 광고주들은 이를 어떻게 활용해야 할지 잘 모르던 시절이었습니다. 저는 제 나름대로 다양한 비디오 마케팅 전략을 지속적으로 세우고, 광고주인 삼성전자, LG전자의 디지털 마케팅 담당자에게 제안했습니다. 그 결과 양질의 영상을 제작할 수 있었고, 기업들이 구글에 광고 투자를 늘리는 등 여러 성과를 낼 수 있었습니다.

하지만 그렇게 제안만 하는 외부자가 아닌, 한 기업의 인하우스 마케터로서 회사의 전반적인 마케팅 전략을 세우고 실행까지 같이 하고 싶었습니다. 때마침 라이엇게임즈 코리아 채용팀에서 커뮤니티 마케팅 팀장 자리를 제안받았습니다. 게임을 좋아하지 않기 때문에 처음에는 고사했지만, 이미 그곳에서 근무하고 있던 친구들이

라이엇게임즈는 단기 수익보다 게이머들의 만족도를 가장 중요하게 생각하고, 그 결과 롤 게임 하나로 국내 300만 명의 게이머를 확보하며 최고의 e스포츠 회사로 떠오르고 있다는 점 등을 알려주었습니다. 그래서 고민 끝에 입사를 결정했습니다.

라이엇게임즈에서 같이 근무했던 대부분의 동료들은 '성덕(성공한 덕후)'이었습니다. 그분들은 시중에 나온 대부분의 게임을 섭렵하는 헤비 게이머들이었고, 특히 라이엇게임즈의 롤을 점심시간에, 퇴근 후에 회사에 남아서, 밤이나 주말에도 계속 플레이했습니다. 그러다 보니 그 동료들은 게이머들이 좋아할 만한 마케팅 콘텐츠나 캠페인 아이디어를 자연스럽게 낼 수 있었고, 좋은 아이디어가 나오면 간단한 건은 회사에서 자체적으로 제작해서 소셜미디어를 통해 바로 진행했습니다.

그뿐 아니라 회사 내에는 제일기획 아트 디렉터 출신이 리더를 맡은 크리에이티브팀도 있습니다. 웬만한 캠페인 아이디어는 사내에서 매우 구체적으로 기획하고, 직접 할 수 없는 전문 촬영이나 제작 등만 외주제작사에 맡겼습니다. 광고대행사에 캠페인 기획부터 제작까지 모두 맡기는 일반적인 기업들과는 상당히 다르지요. 이렇게 크리에이티브까지 내재화한 이유는, 고객인 게이머의 특징과 그들의 콘텐츠에 대한 호불호를 누구보다도 잘 알아야 했기 때문입니다.

라이엇게임즈의 고객들은 어떤 이들일까요? 10~20대 초반이 대부분인 게이머들은 기업에서 수억 원 들여 멋지게 제작한 대작 광고라도 정서에 맞지 않으면 외면합니다. 소셜미디어 담당자가 포토샵으로 직접 만든 네 컷 웹툰이라도 그들의 유머 코드에 맞으면 열광합니다. 전통적인 대형 광고대행사의 제작팀, 특히 팀장이나 임원급 중에 롤을 해본 사람이 얼마나 될까요? 10대 게이머들과 채팅으로 싸워가며 직접 게임해본 적 없는, 게이머 커뮤니티의 반응을 직접 보지 않은 사람이 낸 아이디어는 뜬구름 잡는 이야기일 수밖에 없습니다.

부끄럽지만 저도 입사 초기에는 게이머들의 취향을 전혀 파악하지 못했습니다. 페이스북을 담당하던 팀원이 어떤 만화를 패러디한 콘텐츠 아이디어를 팀 회의에 들고 와서 '이거 정말 재미있다'며 집행하자고 하더군요. 라이엇게임즈에 입사한 지 두 달밖에 안 되었던 저는 도대체 왜 재미있는지 이해하지 못했습니다. 저를 제외한 모든 팀원들은 '이거 대박난다'며 꼭 집행해야 한다고 주장했습니다. 일반적인 기업의 마케팅 팀장이었으면 이해하지 못하는 콘텐츠는 집행하지 않았겠지만, 성덕들의 회사였기에 승인했습니다. 페이스북에 올라간 그 콘텐츠는 수십만 개의 '좋아요'를 받으며 대박이 났고요. 그 이후로 콘텐츠 선정은 성덕 팀원들의 의견을 100% 따랐습니다.

성덕은 아니었던 저도 그간의 경험을 바탕으로 국내 게이머들의 불만을 해결하는 등 다양한 프로젝트를 진행하며 업무 성과를 냈습니다. 하지만 아무래도 게임을 좋아하지 않다 보니 회사 브랜드에 대한 애정이 쉽게 생기지 않았습니다. 게이머들, 특히 롤 같은 하드코어 게임을 즐기는 헤비 게이머들의 독특한 문화와 정서를, 고작 하루에 30분 정도 게임해보고 게이머 커뮤니티의 글들을 열심히 읽는다고 해서 온전히 이해할 수는 없는 노릇이죠. 뼛속까지 게이머였던 라이엇게임즈 코리아 직원들은 성공한 덕후로서 진정 행복한 회사 생활을 하고 있었지만, 그렇지 않은 저는 회사 직원들과 있을 때에도, 게이머들과 만나 이야기를 나눌 때에도 겉돌 수밖에 없었습니다.

## 덕후는 덕후를 알아본다

성공한 덕후는 게임 회사에만 있는 게 아닙니다. 성덕들이 창업하거나 마케팅을 담당해 소비자들에게 큰 호응을 얻은 사례로 마켓컬리와 리디북스를 들 수 있습니다.

마켓컬리 김슬아 대표는 《창업가의 브랜딩》(우승우·차상우 저, 2017)에서 '진짜 음식 덕후들이 하는 사업인 걸 고객들이 바로 알아봤다'는 걸 성공의 비결로 꼽았습니다. 마켓컬리는 음식 덕후인 MD들이 판매할 상품을 까다로운 안목으로 검증하고, 김슬아 대표를 포함한 상품위원회의 심의를 만장일치로 통과해야 상품을 등록하고 판매하는 것으로 유명하죠.

마켓컬리의 제품 상세 페이지와 인스타그램을 보면 '음식 덕후' 마케터들이 만든 엄청난 퀄리티의 음식 사진과 동영상을 볼 수 있습니다. 음식을 온라인으로 많이 팔려면 제품을 제대로 설명하는 건 기본이고, 고객의 입장에서 군침이 돌 정도로 맛있어 보이는 사진이나 영상을 보여줘야겠죠. 플레이팅, 음식과 곁들이는 와인 등을 가족이나 연인과 함께 먹는 연출도 필요합니다. 그렇게 하려면 그 음식을 직접 요리하고 먹어본 덕후의 입장에서 사진과 영상을 제작해야 합니다.

한 예로 마켓컬리에 올라온 랍스터오븐구이 동영상의 몇 장면을 캡처해봤는데요, 오른쪽 사진을 보시면 특히 갈릭버터를 바르는 장면이 압권입니다.

그리고 쿠팡에 올라온 랍스터의 제품 상세 페이지의 사진과 비교해봤어요. 저도 저렴한 가격과 빠른 배송의 편리함 덕분에 쿠팡

출처: 마켓컬리

출처: 쿠팡

을 자주 애용하지만, 위 사진은 참… 무미건조하고 맛없어 보여서 아쉽습니다.

김병완 마켓컬리 마케팅팀 리더는 '마케팅이라는 활동은 이 브랜드가 믿고 있는 가치, 서비스의 가치를 극대화하는 것이다. 자기가 그걸 믿지 않으면서 남에게 써보라고 하는 건 진정성이 없다. 마켓컬리 직원 전체가 그렇지만 특히 마케팅팀 모두가 음식을 사랑한다. 마켓컬리의 핵심 고객들이기도 하다'고 언론 인터뷰에서 밝혔습니다.*

국내 1위 전자책 스타트업 리디북스 역시 성덕들이 많은 회사로 유명합니다. 리디북스 블로그에 '덕업일치, 리디에서 일잘러 덕후를 만나다'라는 글이 있는데요, '책 오래 읽기 대회'에서 1등을 한 직원, 2000권 이상의 만화를 읽은 동네 만화방 VIP 직원 등의 사연이 담겨 있습니다(아래 QR코드를 통해 전문을 읽어보세요). 이들은 '설레는 일을 직업으로 삼고 싶었다, 모든 신작과 좋아하는 책을 매일 만날 수 있으니까 즐겁다' '쉬는 날에도 애니메이션을 보다가 인상 깊은 문구가 있으면 기록해두고 광고 카피로 활용한다' 등 일반 직장에서 듣기 힘든 이야기를 들려주었습니다. 회사에서 점심을 먹을 때도 요즘 잘 되는 만화나 웹툰을 이야기한다고 하니, 책덕들을 위한 기능 개발, 도서 선정, 마케팅 등이 잘 될 수밖에 없다는 생각이 듭니다.

저 역시 거의 매주 한 권씩은 읽는 책덕인데, 리디북스의 전자책 단말기 '리디페이퍼'를 두 대째 쓰고 있습니다. 터치로 밝기와 블루라이트 강도 조절, 원하는 부분을 하이라

* 김보라, "김병완 마켓컬리 마케팅팀 리더, '데이터에 진정성 더해라'", 한국경제, 2020.12.27.

이트하면 나중에 쉽게 모아서 볼 수 있는 기능 등 리디페이퍼를 쓰다 보면 책덕들을 위한 세세한 기능이 많아서 매우 만족스럽습니다. 독서의 편의성 측면에서는 전자책의 원조인 아마존 킨들보다도 외려 더 낫다고 봅니다.

디지털 시대는 성덕 마케터들에게 날개를 달아주었습니다. 덕후들은 누가 시키지 않아도 알아서 본인이 좋아하는 제품을 사서 써보고, 온라인 커뮤니티와 소셜미디어에 올라온 다른 사람들의 의견을 읽으며 본인의 의견을 제시하기도 합니다. 다른 덕후들의 의견을 읽으며 마케팅에 어떤 내용을 강조할지 자연스럽게 알고, 상품을 기획할 때도 회사의 입장과 소비자의 입장을 모두 대변할 수 있습니다. Part 2에서 말씀드린 디지털 마케터의 무기를 모두 갖춘 셈이죠.

물론 모든 직장인이 '성덕 마케터'가 되는 호사를 누릴 수는 없을 겁니다. 그래도 평소에 정말 좋아하고 덕후로 인정받을 수 있을 정도의 취미가 있다면, 내가 돈을 쓰게 만드는 상품을 파는 회사는 어디인지, 그 회사의 마케터들은 어떤 일을 하며 어떤 사람이 그 회사에서 일하는지 알아보시고, 그 회사의 채용 소식을 지속적으로 확인하면서 기회를 찾아보세요.

아, 참고로 게임 회사에서 겉돌던 저는 IT와 쇼핑을 광적으로 좋아하는 제 성향에 딱 맞는 회사, 아마존으로 이직했습니다.

마케팅은 인식의 싸움이기 때문에
가장 먼저 행동하는 브랜드가 절대적으로 유리합니다.
마케터는 얼리어답터보다 앞서
혁신적인 신기술을 가장 먼저 수용하는 상위 2.5%의
기술 애호가 집단 '이노베이터'가 돼야 합니다.

# 이노베이터
## ; 얼리어답터보다 더 빨리 움직여라

우리나라 사람들은 전 세계에서 얼리어답터 성향이 가장 높다고 많이 이야기합니다. 빨리빨리 정신에, 남이 쓰는 건 나도 써야 한다는 경쟁심 높은 민족이라서 그럴까요? 아이폰 새 모델이 출시될 때마다 앞장서 구입하는 사람도 많고, 블루보틀 1호점이  성수동에 문을 열었을 때는 커피 한 잔을 마시기 위해 새벽부터 몇 시간씩 줄을 서서 기다리기도 했죠. 요즘은 소셜미디어를 통해 신제품이나 핫플레이스 소식이 빨리 전파되면서 이러한 경향이 더 심해지고 있습니다.

그래서 우리나라의 마케터들은 피곤합니다. 업무하기도 바쁜데 핫한 상품, 핫플도 빨리 체험해서 마케팅에 활용해야 하죠. 2021년 2월 제 페이스북 타임라인을 뜨겁게 달궜던 클럽하우스 열풍이 대표적인 사례입니다. '클럽하우스 초대장 좀 달라'는 글이 계속 올라왔고, 해당 앱은 아이폰만 지원하기 때문에 중고 아이폰 가격이 오르는 일까지 벌어졌지요. 현대카드 정태영 CEO는 발 빠르게 클럽하우스에 등장해서 현대카드의 브랜딩, 슈퍼 콘서트 등에 대해 기업 수장으로서 직접 밝히기도 했습니다.

우리나라 소비자가 얼리어답터이기 때문에 마케터들은 그들보다 한발 앞서 이노베이터가 되어야 합니다. 캐즘Chasm 이론에 보면 얼리어답터보다 앞서 혁신적인 신기술을 가장 먼저 수용하는 상위 2.5%의 기술 애호가 집단 이노베이터가 있습니다. 어떤 제품과 서비스가 새로 나왔는지 항상 적극적으로 찾아보고, 그중 관심 가는 제품은 직접 사용해보는 사람이죠. 여기서 더 나아가 마케터는 체험한 신기술을 마케팅에 어떻게 활용할지 고민해보고, 방법이 있다면 바로 실행에 옮기는 자세가 필요합니다.

마케팅은 인식의 싸움이기 때문에, 가장 먼저 실행에 옮기는 브랜드가 절대적으로 유리합니다. 클럽하우스가 뜨자마자 현대카드의 CEO가 직접 방을 만들고 현대카드의 브랜딩을 소개한 상황에

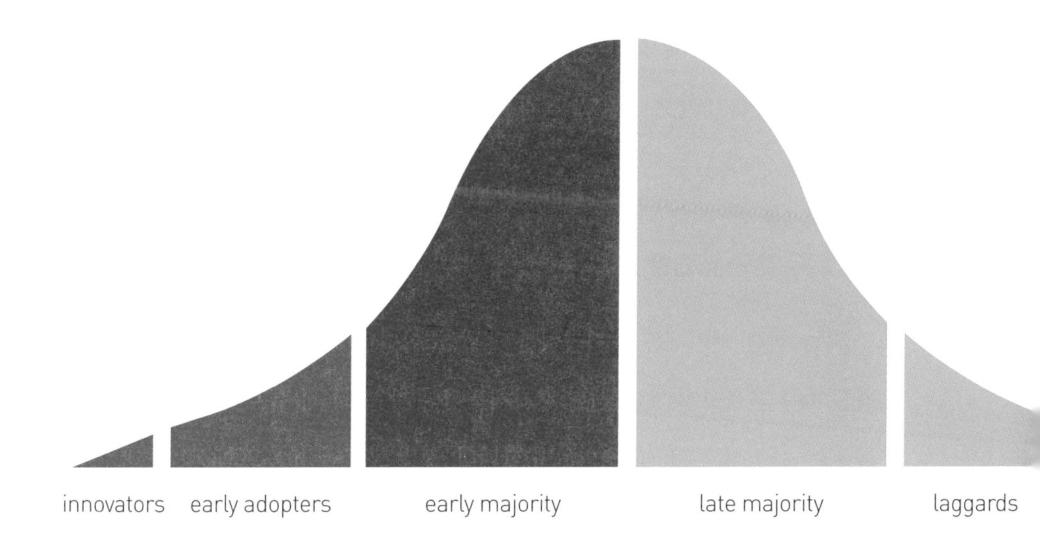


출처: www.ignitionframework.com

우리나라 소비자가 얼리어답터이기 때문에
마케터들은 한발 앞서 이노베이터가 돼야 합니다.

서 다른 카드 회사에서 비슷한 이벤트를 한다면, 소비자들은 따라쟁이로 인식할 것이고 그리 많은 관심을 보이지 않을 겁니다.

## 그 무엇도 팬덤을 이길 수 없다

저는 최신 전자제품과 자동차를 정말 좋아합니다. 휴대폰은 늘 최신 제품을 쓰고, 새로 출시된 전자제품이나 자동차는 유튜브 리뷰를 보며 간접적으로라도 경험하려 합니다. 정말 궁금한 제품은 매장에 가서 직접 체험해봅니다. 자동차는 워낙 고가인 만큼 어느 정도 검증된 제품만 구매했는데, 이런 저를 바꾼 제품이 있습니다. 바로 테슬라의 모델3입니다. 국내 출시는커녕 실물도 없는 차를 무작정 질러서 국내에서 최초로 제품을 받은 그룹의 멤버가 됐습니다.

테슬라라는 회사를 알게 된 건 2012년이었습니다. 2012년 테슬라의 첫 번째 양산 모델인 모델S 출시 후 구글 창업자 세르게이 브린Sergey Brin 등 실리콘밸리의 명사들이 앞다투어 이 차를 구매하고 있다는 뉴스를 접했습니다. 2015년에는 테슬라의 팬이자 광고 감독이 자발적으로 만든 테슬라 광고 영상을 봤는데, 이런 엄청난 퀄리티의 광고를 스스로 만들 정도로 팬덤이 강한 브랜드라니 믿음이 가더군요. 2016년 4월에는 '테슬라에서 보급형 세단 모델3의 글로벌 사전 예약을 받는데 한국에서도 가능하다'는 포스팅을 보고, 스마트폰으로 바로 예약했습니다. 이때는 테슬라의 한국어 웹사이트도 없었고 사전 예약 공지도 받을 수 없었지만, 저 포함 수천 명이 사전 예약한 걸로 압니다.

고가의 제품을 실물로 보지도 않고 구매한 게 처음이었지만, 걱정되진 않았습니다. 자동차 구매 시 가장 중요한 건 디자인, 성능, 실내 공간의 활용성일 텐데, 모델3 미국 출시 이후 사용자들이 유튜브에 올린 리뷰 영상들을 보면서 세 가지를 모두 파악할 수 있었습니다. 모델S 국내 유저들과, 미국에 거주하는 한국인 모델3 유저들이 페이스북과 네이버의 테슬라 유저 커뮤니티에 자발적으로 공유하는 정보들 역시 큰 도움이 되었습니다. 국내에 테슬라 매장이 생긴 뒤엔 고급형인 모델S를 시승해 주행 성능을 확인했습니다.

2019년 8월 여름 휴가 중 커뮤니티에서 드디어 한국의 예약자들을 대상으로 정식 주문을 받기 시작했다는 소식을 접하고, 하루라도 빨리 받기 위해 바로 스마트폰으로 주문했습니다. 그리고 사전 예약한 지 3년 반 만인 2019년 11월, 모델3를 인도받았습니다. 기존에 차를 살 때 거쳐야 하는 - 광고와 뉴스를 통해 신차 출시 소식을 접하고, 자동차 매장에 가서 영업사원을 배정받고, 차를 시승하고, 영업사원과 할인 조건이나 서비스 제공 내역 등을 협의하는 -

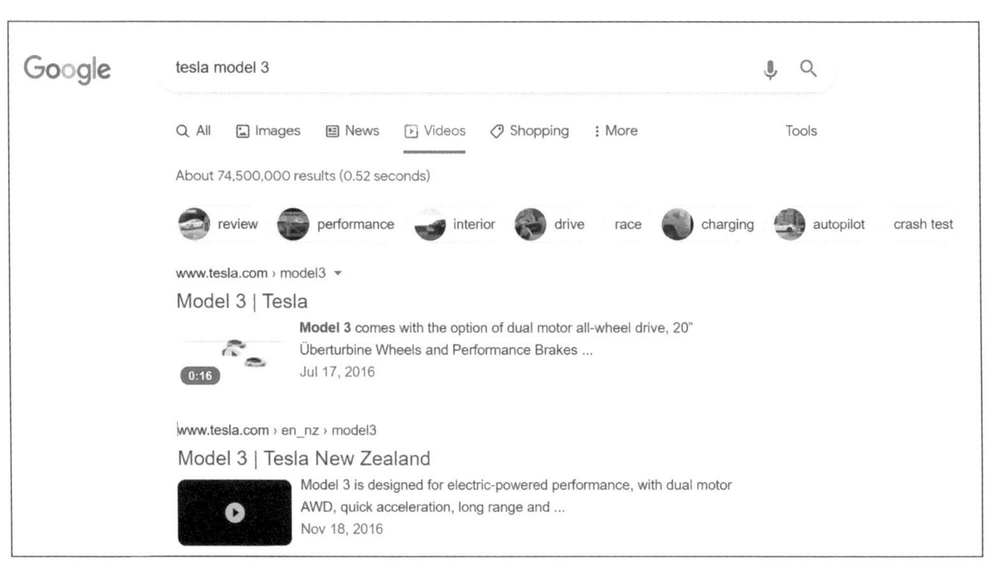


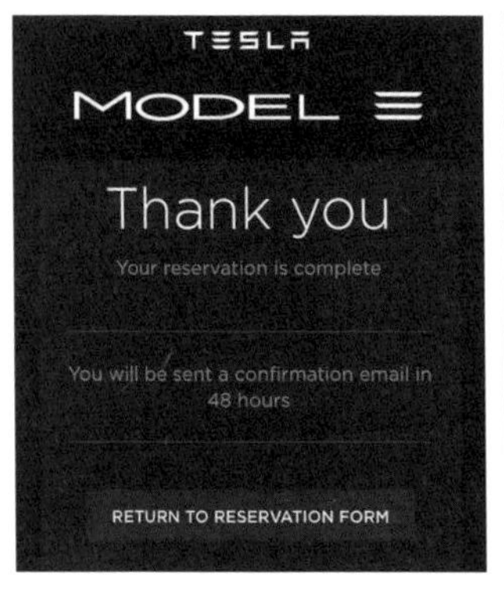

실물도 없는 테슬라 모델3를 주문하고 인도받으면서 크게 두 가지를 깨달았습니다.
온라인 판매가 불가능한 제품은 없다, 그리고 그 무엇도 팬덤을 이길 수 없다는 사실입니다.

모든 과정을 생략하고, 스마트폰으로 5분 만에 차를 주문했습니다.

테슬라를 주문하고 인도받는 과정에서 많은 걸 느꼈지만, 디지털 마케터로서 깨달은 건 크게 두 가지였습니다. 우선 이 세상에 온라인 판매가 불가능한 제품은 없다는 사실입니다. 대당 수천만 원에 달하는 자동차는 온라인 판매가 절대 불가능한 제품으로 여겨졌습니다. 하지만 테슬라는 온라인 판매를 너무나 수월하게 해냈습니다. 저는 미국 테슬라 유저들이 올린 유튜브 영상을 통해 뒷좌석에 성인이 앉을 때 공간은 얼마나 여유가 있는지, 트렁크에 짐은 얼마나 들어가는지 등 궁금증을 모두 해결했고, 실물을 보지 않고도 주문할 수 있었습니다. 자동차처럼 초고가의 고관여 제품도 100% 온라인으로 구매하는 시대이니, 다른 제품들은 말할 것도 없겠죠.

두 번째는 그 무엇도 팬덤을 이길 수 없다는 사실입니다. 테슬라는 모델3 국내 시판 전에 광고비를 단 1원도 쓰지 않았습니다. 다른 나라에서도 광고는 거의 하지 않은 것으로 알고 있습니다. 오히려 국내 자동차 회사들을 광고주로 두고 있는 국내 언론사로부터 집중 견제를 당했지요. 하지만 모델3는 2020년에 약 1만 1000대가 국내에서 팔렸고 전체 수입차 중 판매량 순위 5위를 차지할 정도로 대박을 터뜨렸습니다. 테슬라의 팬들은 스스로 콘텐츠를 만들어 전 세계로 퍼뜨렸고, 글로벌화, 디지털화된 전 세계의 소비자들은 그 콘텐츠를 소비하고, 역시 테슬라의 팬이 되었습니다.

## 이노베이터의 감을 유지하는 법

제 일화에서 보실 수 있듯이 이노베이터로서 새로운 소비 트렌드, 기술, 마케팅 사례 등을 직접 체험하는 것은 단순히 책이나 보고서를 통해서 배우는 것과 차이가 큽니다. 하지만 모든 마케터가 자동차를 온라인으로 구매할 수는 없겠죠. 자동차에 관심이 없는 분도 계실 겁니다. 자동차뿐 아니라 다른 제품들도 마찬가지입니다. 그렇다면 마케터는 어떻게 이노베이터의 감을 유지해야 할까요?

가장 기본적으로 관심 분야의 뉴스를 구독해야 합니다. 네이버 뉴스에 들어가서 킬링타임하지 마시고요, 구글알리미Google Alerts를 활용해 관심 있는 회사나 키워드가 포함된 뉴스를 이메일로 무료로 받아 보세요. 가능하다면 영어 키워드(예: Facebook ad)도 추가하면 더 좋습니다. 국내 언론 기사만 보는 것보다 훨씬 많은 정보를 빨리 얻을 수 있습니다. 최근 탄생한 유료 인터넷 매체인 아웃스탠딩OUTSTANDING, 더밀크The Milk 등을 구독하면 국내 언론사에서 보기 어려운, 디지털 트렌드에 관한 인사이트 있는 기사들을 많이 볼 수 있습니다.

두 번째, 소셜미디어를 효율적으로 활용해야 합니다. 페이스북, 링크드인에서 'Thought leader'를 팔로우해보세요. 그들은 디지털 마케팅, 기술 트렌드 등 관심 분야와 관련된 뉴스와 유용한 정보를 자신의 인사이트와 함께 공유하는 전문가입니다. 최근 미디어 스타트업 퍼블리에서 출시한 커리어리라는 서비스는 구글, 아마존, 네이버, 카카오 현직자들이 프로필을 공개하고 매일 트렌드, 고급 정보 등을 공유해줍니다. 보기만 할 것이 아니라 관심 분야의 뉴스에 자신만의 인사이트를 덧붙여 공유해보는 것도 좋습니다. 뉴스 스크랩 목적으로도 활용할 수 있고, 지속적으로 하다 보면 어느새 Thought leader가 되어 있을 겁니다.

세 번째, 기업들의 뉴스레터를 구독하세요. 구글의 'Think with Google', 페이스북의 'Facebook IQ', 나스미디어나 메조미디어 등 국내 대행사들이 발간하는 월간 뉴스레터를 구독하면 새로 출시된 디지털 광고 상품, 최근 히트한 디지털 캠페인 등의 사례를 받아볼 수 있습니다. 온라인 설문조사 전문기업 오픈서베이Opensurvey는 업종별 소비자조사 결과를 담은 트렌드 리포트를 무료로 제공하고 있습니다. 뉴스레터나 리포트는 기업들이 B2B 마케팅 목적으로 제공하는 자료들인 만큼 적극 활용해보시기 바랍니다.

Think with Google 소비자 인사이트 마케팅 전략 마케팅과 미래 마케터를 위한 도구 대한민국 로그인

**Insights. Ideas. Inspiration.**

Think with Google과 함께 더욱 업그레이드된 마케팅을 펼쳐보세요.

이번 주 소식

Inside Google 마케팅: 인플루언서 마케팅 효과, 어떻게 측정해야 할까?

인플루언서를 활용한 캠페인을 진행하고자 한다면 허영 지표(vanity metrics)를 넘어 실질적인 효과를 내고 있음을 입증해야 합니다. Google이 4가지 요점을 통해 인플루언서 마케팅의 효과를 검증한 방법과 마케터들이 참고할 수 있는 시사점에 대해 알아보세요.

FACEBOOK for Business Solutions Platforms and products Inspiration Education and resources Support Create a Page

FACEBOOK IQ Audiences Industries Planning & Buying Interactive Reports Tools About Facebook IQ Sign up to our newsletter

Get the insights and foresight that you need to future-proof your business

Supercharge your strategy with Facebook IQ's global analysis, bold perspectives, interactive reports and data tools.

Planning & buying

Global innovations in marketing mix modelling

Discover how marketers from around the world are capitalising on the latest advances of MMMs.

Explore More

OPENSURVEY
newsletter

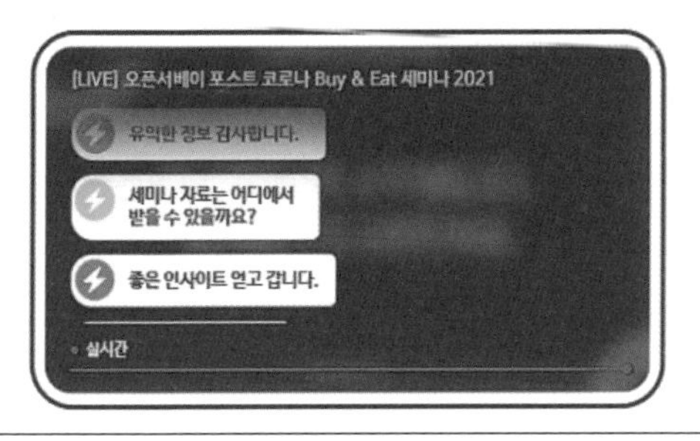


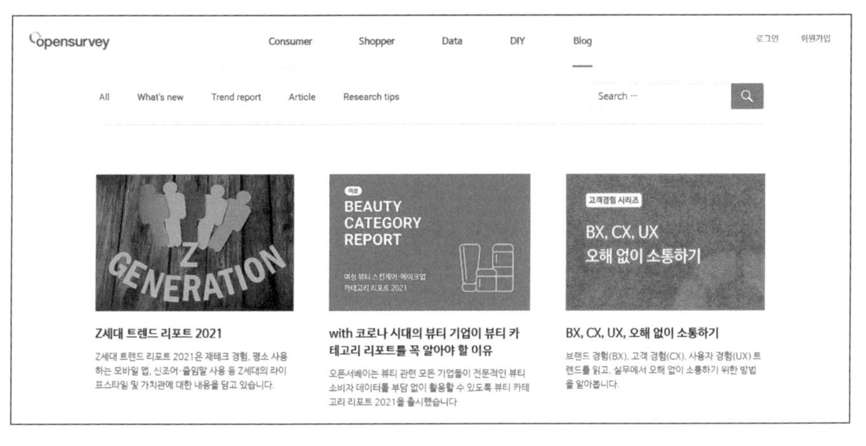


구글의 'Think with Google', 페이스북의 'Facebook IQ'
온라인 설문조사 전문기업 오픈서베이 등 기업들의 뉴스레터를 구독하세요.
뉴스레터나 리포트는 기업들이
B2B 마케팅 목적으로 제공하는 자료들인 만큼 적극 활용해보세요.

다양한 유관 업무를 경험한 사람이
마케팅 업무만 한 사람보다
마케팅을 더 잘할 수 있다고 생각합니다.
영업 경험이 있는 마케터는 마케팅만의 입장이 아닌
회사 전체의 관점에서 마케팅 메시지를 선택하고,
예산을 효율적으로 사용할 수 있습니다.

# 제너럴리스트
## ; 마케팅 영역 밖에서 기본 역량을 기우자

스페셜리스트(특정 분야의 전문가)가 될 것인가, 아니면 제너럴리스트(회사의 여러 분야를 두루두루 경험한 인력)가 될 것인가는 모든 직장인들의 고민입니다. 정답은 없지만 마케터라면, 제너럴리스트에서 스페셜리스트로 가는 방향을 추천합니다. 사회초년생 때 마케팅은 물론 영업, 사업개발, 홍보 등 여러 유관 업무를 경험해보며 자신에게 가장 잘 맞는 업무가 무엇인지 객관적으로 평가해보세요.

사회초년생 때 다양한 업무를 경험하라고 권하는 이유는 크게 두 가지입니다. 첫째, 주니어 때 실무자로서 A부터 Z까지 다 해봐야 일을 제대로 배울 수 있기 때문입니다. 둘째, 경력이 10년 이상 쌓이면 영업에서 마케팅으로 옮기는 등 직종을 바꾸는 게 쉽지 않지만, 젊을 때는 수월하기 때문입니다. 보통 10년 이상 경력이 쌓이면 혼자 일하는 실무자가 아닌, 팀이나 소규모 파트 등을 이끄는 리더 역할을 맡게 됩니다. 그때 해당 업무의 경험이 전혀 없다면 팀원들을 제대로 리드하기 어렵겠죠. 회사에서도 그런 사람에게 리더 역할을 맡기는 경우는 많지 않습니다.

제 동료들의 사례를 공유해드릴게요. 저와 아마존에서 같이 일했고 지금 아마존 코리아의 마케팅과 사업개발을 총괄하는 송제승 팀장은 백화점에서 화장품 머천다이저MD로 커리어를 시작했습니다. 그 후 올리브영에서 MD 업무를 하는 등 화장품 고객 영업의 최전선에서 일하면서 유통업과 화장품 업계의 전문성을 쌓았습니다. 그리고 로레알 코리아와 암웨이 코리아에서 프로덕트 매니저Product Manager로 약 6년간 일하며 본인이 담당하는 화장품 브랜드의 영업과 마케팅을 총괄했습니다. 이때 백화점 등 유통과의 협업, TV 광고를 포함한 제품 마케팅 업무 등 다양한 경험을 쌓았습니다.

이러한 경험을 바탕으로 아마존 코리아로 이직했습니다. 처음에는 국내 기업들의 아마존 신규 입점을 지원하는 AE로 일하다가 사업개발로 역할을 바꿨습니다. 국내 기업들의 수출을 지원하는 정부

기관, 업종별 협회들을 만나 아마존을 통한 해외 진출의 기회를 전달하고, 많은 기업들이 정부 지원을 통해 아마존에 수월하게 입점할 수 있도록 도왔습니다. 마케팅은 물론 영업과 사업개발 등 다양한 분야의 경험을 쌓은 그였기에, 제가 아마존 코리아를 떠날 때 제 후임으로 믿고 추천할 수 있었습니다. 지금은 마케팅과 사업개발, 두 업무를 모두 맡아 활약하고 있습니다.

지금은 마케터로서 커리어가 확실한 저도 경력의 절반이 영업입니다. 제일기획에서 AE로 근무할 때는 TV, 신문 광고를 기획해서 KT에 팔았고, 삼성닷컴 업무를 담당할 때는 삼성닷컴용 신제품 콘텐츠를 기획해서 삼성전자에 팔았지요. 그때는 저 스스로 AE, 콘텐츠 기획자라고 생각했지만, 지금 생각해보면 광의의 영업사원이었습니다. 주니어 AE로서 제가 하는 일은 광고주의 니즈에 맞고 소비자들이 선호할 광고를 기획하는 게 메인이었지만, 그렇게 해서 제일기획은 돈을 벌었고, 제 위의 본부장, 팀장님들은 영업 실적으로 평가를 받았으니까요.

## 영업에 대한 오해

우리나라의 대학 교육과 현실과의 괴리는 모든 분야에서 문제입니다만, 영업에 대한 교육과 인식의 괴리가 가장 크다고 생각합니다. 저는 대학에서 신문방송학을 전공하고 경영학을 부전공했는데, 한 번도 영업과 관련된 수업을 본 적이 없어요. 혹시나 해서 제 모교 경영학과 웹사이트에 가보니 지금도 없네요. 그리고 드라마, 영화 등에서 영업에 대해선 부정적인 묘사가 많은 반면 마케팅은 멋진 직업으로 그려지곤 합니다. 그래서인지 우리나라에선 마케팅은 고상하고 멋진 일이고 영업은 고되고 피해야 할 일이라는 고정관념이 존재합니다. 목소리 크고, 사교성이 좋아서 처음 만난 사람에게도 넉살 좋게 다가가고, 청산유수처럼 말을 잘 해야만 영업을 할 수 있다고 오해하고 있기도 합니다. 저도 구글 코리아의 광고 세일즈 부서에 지원했을 때, '과연 내가 영업을 잘할 수 있을까' 두려웠던 것도 사실입니다. 저는 다소 내성적이고, 말보다는 글로 커뮤니케이션하는 게 편하고, 넉살 좋게 '형님~' 하면서 친한 척 못하는 성격이라서요.

하지만 당시 저는 구글의 광고 상품을 확실하게 배워서 광고주에게 파는 일을 하면 디지털 마케팅 전문가가 되는 데 도움이 될 거라고 생각했습니다. 제가 잘 모르는 걸 남에게 가르치거나 팔 수는 없잖아요. 그리고 그 기대는 상당 부분 일치했습니다. 지금은 구글 검색 광고, 유튜브 광고를 활용하지 않는 기업이 거의 없지만 제가 구글에 입사한 2011년에는 구글과 유튜브에 대해서 아는 사람이 거의 없었습니다. 반면 저는 그 누구보다 먼저 디지털 마케팅 트렌드와 솔루션을 배울 수 있었죠. 광고주들께 광고 상품뿐 아니라 디지털 마케팅 전략까지 함께 제안해서, 단순한 광고 영업사원이 아닌 디지털 마케팅 전문가로서 구글의 솔루션을 잘 전달하고 팔 수 있었습니다.

제 경험으로 미루어볼 때, 꼭 외향적이고 목소리 큰 사람만 영업을 잘하는 건 아니더군요. 인간관계에 의해 좌우되는 전통적인 영업에서는 외향적인 영업사원이 유리했지만, 요즘은 인간관계보다는 순수하게 비즈니스적으로, 서로 필요에 의해 만나 거래하는 경우가 많습니다. 이때는 오히려 내성적이고 꼼꼼한 사람들이 영업에 더 적합하다고 생각합니다. 고객의 의견을 잘 들어주고, 행간을 읽어 고객의 어려움을 파악하고 적절한 솔루션을 제시하며, 고객과 약속한 납기 일정을 맞추는 데 유리한 성격이니까요.

영업이나 마케팅이나, 궁극적인 목표는 자사의 제품을 많이 파는 것입니다. 그래서 마케터가 판매로 연결되지 않는 마케팅 계획을 보고하거나 실행한다면, 기업 경영진에게는 '돈 낭비'로 여겨질 수밖에 없습니다. 물론 마케팅의 성과를 100% 측정하는 건 불가능하고, 브랜딩은 단기적인 매출 기여는 작더라도 기업의 중장기 성장을 위해서 꼭 필요합니다. 하지만 브랜딩을 하더라도 영업을 하면서 직접 들은 고객들의 의견을 기반으로, 고객에게 효과적으로 어필할 수 있고 판매에 기여할 수 있는 브랜딩 캠페인을 기획해야 한다고 생각합니다.

최근에는 영업 조직이 없고 마케팅 조직이 매출을 책임지는 회사도 많습니다. 제가 근무했던 라이엇게임즈를 포함, 상당수 게임 회사들은 마케팅의 활동에 따라 매출이 결정됩니다. 최근 탄생한 상당수의 모바일 서비스 회사들 역시 퍼포먼스 마케팅이 매출을 책임집니다. 대면 영업이 매출을 주로 책임졌지만, 코로나19로 인해 마케팅을 통한 비대면 영업을 강화하는 회사들도 많습니다. 이렇게 영업과 마케팅의 경계가 모호해지는 경우, 자사 제품을 직접 소비자들에게 팔아본 영업 경험을 바탕으로 퍼포먼스 마케팅을 하거나, 영업팀을 직접적으로 지원하는 B2B 마케팅을 한다면 매출에도, 커리어에도 큰 도움이 될 겁니다.

특히 전문적인 디지털 마케터를 꿈꾸신다면 구글, 페이스북, 네이버 등에서 광고 영업자로 일하면서 디지털 마케팅 솔루션을 고객에게 팔고, 여러 업종의 광고주를 만나보면서 자신에게 맞는 업종을 찾아본 후, 그다음에 기업의 인하우스 마케터가 되는 방법을 추천합니다. 실제로 구글 광고영업팀에서 저와 같은 시기에 근무했던 분들 중에 구글이나 페이스북의 마케팅팀으로 옮긴 분들도 있고, 구글을 떠나 마케터가 된 분들도 있습니다. 스타트업 야놀자와 요기요의 전 CMO들이 제 구글 동료들이고, 스타트업에서 경영과 마케팅을 모두 총괄하는 분도 여럿 계세요. 또 페이스북에서 광고영업 임원으로 계시다가 국내 대기업의 CDOChief Digital Officer로 옮긴 분도 계십니다.

P&G 등 정통 소비재 기업에서 마케팅 외길만 걸어오신 분들은 제 의견에 동의하지 않을 수도 있습니다. 하지만 저는 이렇게 다양한 유관 업무를 경험해본 사람이 마케팅 업무만 해본 사람보다 더 마케팅을 잘할 수 있다고 생각합니다. 영업 경험이 있는 마케터는 마케팅 메시지를 결정할 때 마케팅만의 입장이 아닌, 회사 전체의 관점에서 마케팅 메시지를 선택하고, 예산을 효율적으로 사용할 수 있습니다. 그리고 절대로 예산을 함부로 쓰지 않습니다. 이 돈을 벌기 위해 영업팀이 얼마나 열심히 일해야 하는지 알기 때문이지요. 그래서 마케팅의 효과와 성과를 깊이 고민하고 효율을 극대화할 수 있는 곳에 마케팅 예산을 씁니다. 궁극적으로 CMO에서 CEO로 승진하거나, 본인의 사업을 시작하게 된다면 마케팅만 해본 사람보다는 영업 경험도 있는 사람이 훨씬 유리할 것입니다.

다양한 유관 업무를 경험하기 위해 꼭 이직을 해야 하는 건 아닙니다. 오히려 회사 내에서 다른 업무로 옮기는 게 더 수월할 가능성이 높습니다. 한 회사에서 영업 경험을 기반으로 마케팅, 사업개발 등 다른 업무를 경험하면 회사의 사업과 제품에 대한 이해도를 기반으로 빠르게 적응할 수 있지요. 반면 이직하게 되면 낯선 조직문화에 적응하느라 업무 적응이 늦어질 수 있습니다. 한발 더 나아가 업종까지 바꾸면 모든 것을 새로 배워야 하기 때문에 배로 힘들 수 있습니다.

요즘 기업들은 직원들이 다양한 경험을 하며 역량을 개발할 수 있도록 지원하고 번아웃을 방지하기 위한 제도를 도입하고 있습니다. 국내 기업에서는 대표적으로 현대카드·캐피탈의 '커리어 마켓' 제도가 있고, 구글과 아마존에서도 신규 채용이나 기존 인력의 퇴사로 인한 충원이 필요할 때 내부 직원들에게 먼저 알리고 지원을 유도합니다. 예전에는 직무를 변경하거나 팀을 옮기려고 하면 팀장이나 임원들이 안 놔주는 바람에 퇴사하는 일이 종종 있었죠. 하지만 이게 결국 회사 입장에서 큰 손해라는 걸 인지하고 직무 이동을 권장하는 방향으로 바뀌고 있어서 다행입니다.

현실적인 취업 가능성 역시 고려하자면, 대부분의 회사들은 마케팅보다는 영업 인력이 더 많습니다. 제가 다녔던 구글, 아마존 모두 마케팅 담당 직원 수는 세일즈 직원의 5~10% 정도입니다. 안 그래도 외국계 회사는 신입 채용이 적은데, 특히 마케팅은 신입 채용이 거의 없습니다. 그래서 외국계 회사 입사를 희망한다면 우선 영업이나 고객 지원으로 입사해서 경험을 쌓은 뒤, 마케팅으로 옮기는 커리어 패스를 추천합니다.

디지털 시대의 마케터는
디지털 채널에서 얻은 정보를
다른 마케팅 조직에 어떻게 공유하고 협업할지
고민하고 실천해야 합니다.
마케팅의 여러 분야를 경험한 사람은
이 과정을 좀 더 수월하게 해낼 수 있을 것입니다.

# 스페셜리스트
## ; 마케팅 영역, 분업이 아니라 협업이 핵심

영업, 사업개발, 홍보 등 유관 업무보다 마케팅을 더 잘할 수 있다고 판단되면 그때부터는 마케팅 전문가가 되는 데 집중해야 합니다. 마케팅 내에서도 브랜딩, 퍼포먼스, B2B 등 다양한 분야를 섭렵하며 스페셜리스트로 거듭나야 합니다. 마케팅의 역할과 조직 구성은 회사마다 다릅니다. 작은 스타트업이라면 마케터 한두 명이 웹사이트 관리부터 브랜드 마케팅, 퍼포먼스 마케팅, 홍보까지 모든 일을 다 하는 경우도 있습니다. 이때는 자연스럽게 마케팅의 모든 분야를 섭렵할 수 있겠지만, 각 분야에서 깊이 있는 전문성을 쌓기는 아무래도 쉽지 않겠죠. 반대로 대기업이라면 상품기획, 마켓 인텔리전스, 브랜드 전략, 디지털 마케팅, 체험 마케팅, 이커머스 등 마케팅 역할별로 팀을 세분화하기도 하고, 각 브랜드별로 브랜드 매니저들이 마케팅의 모든 영역을 다루기도 합니다.

이처럼 마케팅의 분야와 각자의 환경이 매우 다양하기에 모든 영역에 깊이 있는 식견을 갖기는 어렵지만, 각 분야별로 최소 2~3년씩, 최대한 많은 분야를 경험해보라고 제안하고 싶습니다. 마케팅의 모든 분야가 디지털을 중심으로 연결되고 있기 때문입니다. 과거에는 마켓 인텔리전스 조직에서 소비자들의 수요 변화, 경쟁사의 움직임 등을 파악해서 상품기획팀에 전달하고, 상품기획팀은 제품을 기획해 브랜드 전략팀에 넘겼습니다. 그러면 브랜드 전략팀에서 상품 브랜드 전략과 커뮤니케이션 메시지를 다듬어 TV 광고를 만들고, 디지털 마케팅 부서에서는 웹사이트의 상품 정보 업데이트, 디지털 캠페인 기획 등의 업무를 수행하는 등 분업이 이뤄졌습니다.

하지만 이제는 이 모든 활동이 디지털 공간에서 이루어지고, 장기간에 걸친 분업이 아닌 실시간 협업이 중요합니다. 상품기획과 마켓 인텔리전스는 과거처럼 대규모 소비자조사에만 의존할 것이 아니라, 커뮤니티와 이커머스 채널에 올라오는 고객 반응을 실시간 분석해야 합니다. TV 광고와 디지털 캠페인을 따로 진행하는 시대는 끝났고, 모든 캠페인은 디지털을 중심으로 같은 전략으로 기획되어 하나의 메시지를 전달해야 합니다.

디지털 시대의 마케터는 디지털 채널에서 얻은 정보를 다른 마케팅 조직에 어떻게 공유하고 협업할지 고민하고 실천해야 합니다. 다양한 마케팅 분야를 경험한 사람은 이 과정을 좀 더 수월하게 해낼 수 있을 것입니다. 최대한 많은 분야의 마케팅을 경험해보되, 경험하지 못한 분야에서는 협업과 공유의 마인드셋을 갖춰 일해야 합니다. 스페셜리스트는 하루 아침에 탄생하는 것이 아니라 정교하게 다듬고 만들어가는 사람에 가깝습니다.

## 퍼스널 브랜딩의 가장 기본은 본업에서의 성과다

스페셜리스트의 아이덴티티는 요즘 사람들에게 필수적이라 여겨지는 퍼스널 브랜딩과도 관련이 깊습니다. 저 또한 마케터로서의 전문성을 내외부에 알리려는 마음으로 시작한 일이 셀프 브랜딩, 퍼스널 브랜딩으로 이어졌습니다.

저는 구글 코리아에 재직 중이던 2012년에 블로그를 시작했습니다. 처음부터 개인 블로그를 한 건 아니고, 제일기획에서 디지털 마케팅 업무를 담당했던 동료와 후배들이 이미 운영하고 있던 팀 블로그 '비스킷'에 필자로 참여해달라는 제안을 받았습니다. 어릴 때부터 글 쓰는 걸 좋아해서 페이스북에 자주 마케팅에 대한 생각을 공유했지만, 소셜미디어에 짧게 올리는 것과 블로그에 깊이 있는 글을 쓰는 건 차원이 다른 일이라고 생각해서 처음엔 많이 망설였어요. 하지만 팀 블로그라서 큰 부담없이 나눠서 쓰면 된다는 후배의 꼬임(?)에 넘어갔습니다. 결과적으로 지금은 퍼스널 브랜딩을 시작하게 만들어준 그 후배들에게 큰 고마움을 느낍니다.

당시 블로그 활동을 결심한 가장 큰 이유는 업무적으로 필요했기 때문입니다. 저는 구글 코리아 광고영업본부에서 LG전자와 삼성전자라는 전략광고주를 담당했습니다. 클라이언트에게 구글 플랫폼을 활용한 디지털 마케팅 전략을 제안하고, 실제 캠페인 집행을 지원하면서 궁극적으로는 구글의 광고 매출을 키우는 역할이었습니다. 블로그에 글을 정기적으로 쓰고 그 글이 디지털 마케팅 업계에서 주목받게 된다면, 제 클라이언트들도 저를 단순한 영업사원이 아니라 디지털 마케팅 분야의 전문가로 더 인정해주지 않을까 하는 기대를 갖고 시작했습니다.

비스킷 블로그를 같이 하던 동료와 후배들이 디지털 마케팅 업계에서 워낙 인지도가 높은 멤버들이었기 때문에, 제 글도 덩달아 공유되고 주목받기 시작했습니다. 구글 코리아 홍보팀으로부터 디지털 마케팅 전문 월간지 〈월간IM〉에 유튜브 마케팅에 대해 정기 기고를 해달라는 제안을 받기도 했습니다. 싸이의 〈강남 스타일〉이 전 세계적으로 유명해지면서 유튜브에 대한 광고주들의 관심은 급증하고 있는데 유튜브를 어떻게 활용할지 업계에 제대로 아는 사람이 없던 시절이다 보니 그런 좋은 기회를 얻을 수 있었지요. 그 기고들은 구글 코리아 광고영업부서 신입사원들의 업무학습 자료로 사용되기도 했습니다.

다만 비스킷 블로그의 주제가 '디지털 마케팅'으로 한정되어 있다 보니 제가 관심 갖고 있던 디지털 마케팅 이외의 주제들, IT 트렌드, 기업 문화, 커리어 등에 대해서는 다루기 어려웠습니다. 한계를 느끼기도 했고, 다른 멤버들의 개인 사정으로 블로깅이 뜸해졌습니다. 그래서 2014년 3월 '진민규의 마케팅·Tech 이야기'라는, 제 이름을 건 개인 블로그를 열었습니다. 초반에는 거의 한 달에 한 편씩 글을 올렸는데, 요즘은 점점 뜸해져서 2020년엔 겨우 3편, 올 해는 단 한 편도 올리지 못했네요(반성합니다…).

제가 블로그를 시작할 때 가졌던 기대, '내 클라이언트들이 나를 단순한 영업사원이 아니라 디지털 마케팅 분야의 전문가로 더 인정해주지 않을까'는 지금 생각해보면 상당히 충족되었습니다. 예를 들어 '유튜브를 활용한 비디오 마케팅 전략'을 클라이언트에게 제안하는 건 상당히 어렵습니다. 바쁜 사람에게 미팅 시간을 요청해야 하고, 시간을 얻어서 발표하더라도 상대방은 제 발표를 방어적으로 들을 수도 있습니다. '마케팅 전략을 제안한다면서 결국 나한테 광고 예산 늘리라는 제안을 하려고 온 건 아닐까'라는 색안경을 낄 수 있으니까요. 하지만 클라이언트에게 '유튜브를 활용한 비디오 마케팅 전략에 대해 제가 블로그에 글을 작성했는데, 시간될 때 한 번 읽어보시면 좋겠습니다'라고 이메일을 드렸을 때 거부감을 느끼는 클라이언트는 없었습니다.

블로그의 1차 목표였던 클라이언트들의 인정을 받는 것은 물론, 제 글 중 몇 편이 소셜미디어를 통해 널리 확산되면서 기대하지 않았던 퍼스널 브랜딩이 이뤄지기 시작했습니다. 일례로 2014년에 발행했던 '마케터를 꿈꾸시는 분들께'라는 글이 있습니다. 제가 평소에 갖고 있던 생각을 적은 건데, 분에 넘치는 인기를 끌어서 지금까지 누적 조회수가 5만7000건에 달합니다. 제 글 전체를 실었던 〈벤처스퀘어〉나 〈ㅍㅍㅅㅅ〉의 조회수까지 합하면 10만이 넘을 거예요(이 글의 작은 성공이 제가 이 책을 쓰는 결심을 하게 되는 데 가장 큰 영향을 주기도 했고요).

제 블로그 글들이 소셜미디어를 통해 많이 공유되면서 마케팅 관련 컨퍼런스에서 강의 요청이 들어오기 시작했습니다. 당시 구글은 직원들의 외부 강의가 회사의 브랜딩과 인재 유치에 도움이 된다고 보고 장려하는 입장이어서, 2014~2015년에 ZD넷, 디지털마케팅코리아 등이 주관하는 컨퍼런스에서 여러 차례 강의할 수 있었습니다. 그 후 2016년 11월에 아마존 코리아에 입사했는데, 아마존은 구글과는 달리 '업무에 직접적으로 필요한 경우에만 승인을 받고 가능함'이 원칙이라서 강의와 블로깅 횟수가 매우 제한되긴 했습니다.

제 퍼스널 브랜딩 경험을 이렇게 길고 자세하게 말씀드린 이유는, 요즘처럼 디지털을 활용한 셀프 브랜딩이 쉬워진 적이 없으니 여러분도 마케터로서의 전문성을 외부에 적극적으로 알리길 바라기 때문입니다. 꼭 거창한 성공사례일 필요도 없습니다. 업무를 하면서 얻은 나의 생각들을 나를 위한 기록으로 남긴다고 생각하고 시작해보세요. 그 글을 소셜미디어로 공유하면 어떤 글들은 주위 사람들에게 호응을 얻어 많이 공유될 것이고, 어떤 글은 당장은 호응이 없지만 같은 고민을 하는 사람들이 검색해 보고 도움을 받으며 점점 널리 알려질 수도 있습니다.

블로그에 긴 글을 쓰는 게 부담된다면 관심 분야의 국내, 해외 기사나 인사이트가 있는 글에 자신만의 짧은 해석을 붙여 페이스북이 나 링크드인에 공유하는 걸로 시작해보세요. 여러분이 공유하는 소식을 받아보는 사람들이 생길 것이고, 나중에 블로그를 시작했을 때 그 사람들이 큰 힘이 되어줄 겁니다.

요즘은 유튜브의 시대이고 사람들이 긴 글을 안 읽는데 블로그는 한물간 것 아니냐, 유튜브를 시작해야 하는 것 아니냐고 생각하는 분들도 있을 겁니다. 세상에 정답은 없으니, 글보다 말이 편하시면 그것도 답일 수 있어요. 월스트리트 헤지펀드에 근무하며 투자 인사이트를 전해서 큰 인기를 끌고 베스트셀러 작가가 된 유튜버 '뉴욕주민' 님처럼 비디오를 잘 활용하는 분도 계시죠.

하지만 저는 글의 힘을 믿는 편인데요, 내 생각을 잘 전달하는 글을 쓰려면 고민을 정말 많이 해야 하고, 고민하는 시간만큼 좋은 결과가 나오기 때문입니다. 아마존의 사례를 말씀드릴게요. 아마존 창업자 제프 베이조스Jeff Bezos는 사내 회의에서 파워포인트 발표를 금지시키고 직원들에게 최대 6장의 기획서나 보고서를 서술형 문장으로 쓰도록 했습니다. '4페이지짜리 글을 잘 쓰는 것은 20페이지 파워포인트를 만드는 것보다 더 어렵다. 서술형 문장을 쓰는 것은 무엇이 중요한지, 각 아이디어들 간의 연관성은 무엇인지에 대

제목을 입력하세요

소제목을 입력하세요

마케터블.

글의 힘을 믿습니다.
글을 쓰려면 정말 많이 고민해야 하고,
그 시간만큼 좋은 결과가 나오기 때문입니다.
브런치, 미디엄 등을 통해
자신의 전문성을 드러내보세요.

해서 계속 고민하도록 만들기 때문이다'라고 이유를 설명했습니다.

네이버보다는 브런치Brunch, 워드프레스WordPress, 미디엄Medium 같은 전문 블로그 플랫폼을 추천합니다. 마케팅 관련 전문 지식은 아무래도 네이버보다는 구글에서 검색하는데, 이들 플랫폼들이 구글 검색 최적화가 잘 되어 있기 때문이지요. 그리고 요즘에는 링크드인에서 업무 관련 지식과 인사이트를 찾는 분들도 많고, 커리어리 등도 인기를 끌고 있으니, 다양한 소셜미디어를 통해 글을 공유하길 바랍니다.

퍼스널 브랜딩의 끝판왕은 컨퍼런스 강의일 겁니다. 처음부터 불특정 다수를 대상으로 하는 외부 컨퍼런스에서 강의할 기회를 얻기는 어렵습니다. 우선 사내에서 자신의 지식을 공유할 기회를 적극적으로 찾아보세요. 만약 회사에서 외부 고객을 대상으로 강의나 발표를 할 기회가 있다면, 누가 시키기 전에 먼저 도전해보세요. 발표를 준비하는 과정은 정말 힘들겠지만 그만큼 직원들과 고객들이 당신의 전문성을 인정해줄 것이고, 이런 경험과 노력이 외부에 알려지면 외부 컨퍼런스에서 강연자가 될 수 있습니다.

퍼스널 브랜딩에서 가장 중요한 점은, 절대로 본업을 등한시하면 안 된다는 점입니다. 회사 업무를 등한시하거나 성과를 제대로 내지 못하면서 자기 브랜딩만 열심히 하는 사람을 인정해줄 상사나 동료는 없습니다. 잠깐은 외부 사람들이 본인을 인정해주는 것에 우쭐할 수 있겠지만, 장기적으로는 회사에서 좋은 평가를 받을 수 없지요. 회사 내에서 평판이 나빠지면 업계에도 금방 소문나기 마련입니다. 결국 아무리 퍼스널 브랜딩을 열심히 해도 커리어를 제대로 쌓을 수 없는 것이지요. 퍼스널 브랜딩의 가장 기본은 본업에서의 성과라는 점 잊지 마시기 바랍니다.

서로 필요할 때 도움을 주고받을 수 있는
가치 있는 사람이 될 것.
새로운 인연을 만들 때도
분명한 지원 사유, 역량, 경험을 바탕으로
상대방에게 예의를 갖출 것.

# 커넥터
## ; 도움을 주고받을 수 있는 가치 있는 사람이 될 것

'네트워킹'을 좋아하고 열심히 하는 사람들이 있습니다. 동문회, 업계 모임에 열심히 나가고, 트레바리 같은 독서모임도 다니면서 새로운 사람들을 만나고 명함을 주고받으며 인맥을 열심히 늘리죠. 이런 활동이 잘못된 건 아닙니다. 저도 동문회는 나가지 않지만 트레바리 클럽장, Be my B 등을 통해 새로운 분들을 만나 많은 인사이트를 얻었습니다. 다만 마케터가 새로운 인연을 만드는 게 자연스럽고 당연하게 여겨지다 보니, 상대적으로 기존에 맺은 인연에 대한 이야기는 줄어드는 것 같습니다. 새로운 인연에 대해 이야기하기 전에 같이 일하는, 일했던 사람들 사이에서만 나눌 수 있는 마음에 대해 이야기하려 합니다.

마케팅에는 정답이 없습니다. 변하는 소비자 트렌드를 파악하고, 새로운 디지털 마케팅 기술을 끊임없이 공부해서 업무에 적용하는 등 일을 하면서 배우는 게 마케팅이고, 대학원이나 MBA에서 배울 수 있는 게 아니라고 생각합니다. 그래서 가장 기본은, 지금 맡고 있는 일을 열심히 제대로 하는 것입니다. 가능하다면 자신의 배움과 깨달음, 노하우를 공유하면서 퍼스널 브랜딩도 한다면 금상첨화겠지요. 이런 기본을 쌓고, 한걸음씩 나아가는 데에는 지금 함께 일하는, 그리고 같이 일했던 사람들의 존재가 가장 중요합니다.

마케팅은 이직이 잦은 분야이기 때문에 5년 차 이상이면 '전 직장 동료들'이 생깁니다. 아직 주니어더라도 지금 함께 일하는 선배와 동료들이 언젠가 '전 직장 동료'가 되는 날이 오고요. 직장을 바꾼다고 해서 한 번 맺은 인연을 잊지는 마세요. 종종 만나서 서로의 근황을 공유하다 보면 자연스럽게 업계의 트렌드도 듣고, 요즘 다른 기업들은 어떤 마케팅을 하고 있는지 등 고급 정보를 공유할 수 있습니다. 책을 읽거나, 마케터 모임 같은 곳에서 새롭게 알게 된 사람들과 교류해서는 얻기 어려운 부분이지요.

저는 디지털 마케팅의 기본을 가르쳐주신 제일기획 선배들, 세일즈의 기본을 알려주신 구글 선배들, 마케팅으로 비즈니스를 키우는 방법, 조직 관리와 성장 방법을 알려주신 아마존 선배들과 동료들에게 늘 감사한 마음을 갖고 살아갑니다. 함께 근무할 때처럼 자주 만나지는 못하지만, 소셜미디어를 통해서 소식을 늘 확인하고, 혹시라도 선배님들 사무실 근처에 갈 일이 있으면 꼭 연락을 드리고 커피 한 잔이라도 같이 하려고 합니다. 전 직장 동료들과의 모임이 있으면 빠지지 않고 참석하고요. 클라이언트와 영업 담당으로 만난 관계이지만 마음이 잘 맞았던 분들과도 1년에 한 번씩은 만나 인연을 이어갑니다.

이런 인연은 자연스럽게 좋은 이직 기회로 연결되기도 합니다. 제가 구글 코리아에 지원할 수 있었던 건, 제일기획에서 함께 일한 삼성전자 클라이언트의 소개 덕분이었습니다. 그 후 아마존 글로벌셀링 코리아에 지원할 수 있었던 건 AWSAmazon Web Services코리아에서 근무하기 시작한 김이영 님 덕분이었습니다. 그는 구글에서 제 두 번째 팀장이셨는데, 자신의 구글 동료이자 아마존 글로벌셀링 코리아 첫 대표 박준모 님에게 저를 추천해주셨습니다. 그 밖에 직접 추천하지 않았더라도 많은 선배님들이 이직시 평판 조회(레퍼런스 체크) 과정에서 큰 도움을 주셨습니다.

저에게 일을 배웠던 후배들 가운데 회사를 옮긴 뒤에도 종종 연락해오는 친구들도 물론 있습니다. 스스로 생각해봐도, 그리고 후배들의 평가를 들어봐도 저는 상당히 깐깐한 선배입니다. 뭐 하나 대충 넘어가는 법이 없고, 후배들에게 부족한 면이 보이면 잔소리를 하더라도 바로 잡아주려고 하는 편입니다. 그래서 그런지 혼나면서 많이 배웠다고 종종 연락하는 후배들이 있습니다. 특히 구글, 아마존에서는 인력이 많지 않다 보니 대학생 인턴들에게 거의 정규직과 같은 권한과 책임을 주면서 스파르타식으로 키웠는데, 그때 힘들게 같이 일했던 여러 후배들과의 인연도 지속되고 있습니다.

후배들과의 인연을 통해 제가 후배들을 채용하기도 합니다. 구글에서 인턴을 할 때 성실하고 적극적으로 일해서 제가 정말 아꼈던 후배가 있었습니다. 그는 인턴 종료 후 취업 준비 중에도 가끔 찾아와서 조언을 구하고, P&G에서 사회생활을 시작한 뒤에도 계속 연락을 주었습니다. 제가 아마존으로 이직해 3~4년 차 정도의 경력직 팀원을 뽑아야 하는 상황이 되었을 때 제 머릿속에 그 친구가 가장 먼저 떠오르더군요. 이직을 제안했고, 다행히 본인도 좋은 기회라고 생각하고 지원해줘서 아마존에서 같이 일했습니다. 또 다른 후배 역시 그가 구글에서 인턴할 때 만났습니다. 그는 대학 졸업을 앞두고 제 제안을 받고는 아마존에서 다시 인턴으로 근무를 시작했고, 뛰어난 역량을 입증해서 3개월 만에 정직원이 되었습니다. 저는 아마존을 나왔지만 두 친구는 여전히 아마존에 남아 실력을 인정받고, 승진하는 등 성장하고 있습니다.

저뿐 아니라 많은 사람들이 회사를 옮긴 뒤 채용 기회가 생기면 전 직장에서 함께 일했던 후배들에게 같이 일하자고 제안합니다. 채용만큼 어려운 게 없는데, 생판 모르는 사람을 몇 시간씩 면접 보고 채용하는 것보다는 몇 년 동안 같이 일하면서 어떤 일을 잘하는지 명확히 아는, 검증된 후배를 채용하는 게 채용 성공 및 이직 후 소프트 랜딩 확률을 높일 수 있기 때문입니다.

한 번 맺은 인연을 계속 이어가기 위해 두 가지 전제 조건이 있습니다. 선후배들에게 서로 필요할 때 도움을 주고받을 수 있는 가치 있는 사람이 될 것. 필요할 때만 연락하는 게 아니라, 특별한 일이 없어도 안부를 주고받고, 도움을 줄 수 있을 때는 먼저 연락할 것. '기브 앤 테이크'가 인간관계의 기본이라고 하지만, 저는 아무런 조건이나 보답을 바라지 않고 도움을 주는 관계가 진정한 관계라고 믿습니다.

### 새로운 인연을 위한 최소한의 예의

어떤 일에든지 처음은 있기 마련이죠. 인연도 마찬가지입니다. 새로운 인연을 만드는 데 주저하지 말고, 정말 가고 싶은 회사가 있다면 적극적으로 다가서는 노력도 필요합니다. 디지털 시대에는 새로운 인연을 만들기가 더 쉽습니다.

제가 2007년쯤 처음으로 디지털 마케터가 되고 싶다는 생각을 갖게 되었다는 건 앞에서 말씀드렸죠? 당시 네이버, 다음에 근무하는 지인들께 조언을 받았지만 약간의 아쉬움을 느꼈고, 정보를 찾던 중 당시 구글 코리아에 근무하던 김태원 님이 쓰신 책을 봤습니다.《죽은 열정에게 보내는 젊은 구글러의 편지》라는 책인데요. 그 책을 통해서 단순히 검색엔진인 줄 알았던 구글이 사실은 글로벌 디지털 마케팅 시장의 리더라는 사실을 알게 되었습니다.

김태원 님을 직접 만나야겠다고 생각했는데 연락할 방법이 없었습니다. 당시는 페이스북도, 링크드인도 국내에선 거의 사용자가 없던 시절이었거든요. 그래서 김태원 님이 제 친동생과 동문인 것을 알고, 친동생에게 부탁해서 이메일 주소를 알아내고, 무작정 만나고 싶다고 이메일을 보냈습니다. 다행히 김태원 님이 흔쾌히 제 요청을 수락했고, 강남역의 한 호프집에서 만나 구글 코리아의 광고

세일즈 부서에선 어떤 일을 하는지 들었습니다. 2006년에 입사해서 만 2년도 안 되는 커리어를 가진 그였지만 책에서 느꼈던 엄청난 열정을 체감할 수 있었고, 구글에서 4~5년 차 정도의 경력사원을 채용하면 꼭 알려달라고 부탁했습니다.

그리고 2008년 봄, 김태원 님이 경력직 채용 건이 떴는데 지원할 생각이 있는지 전화주셨습니다. 당시 저는 제일기획 내에 신설된 글로벌 인터랙티브팀으로 이동한 지 채 한 달도 되지 않았던 때였습니다. 고민 끝에 '제안주셔서 정말 감사하지만 지금은 새로운 팀장님이 제가 디지털 마케터가 될 수 있는 새로운 기회를 막 주신 상황인데, 제가 구글에 지원하면 저를 믿고 뽑아주신 팀장님을 배신하는 것 같다, 나중에 같이 일할 기회가 있을 걸로 믿는다'며 정중히 거절했습니다.

3년 후, 제일기획 글로벌 인터랙티브팀에서 함께 일했던 삼성전자 클라이언트의 추천으로 구글 코리아에 지원했습니다. 저는 김태원 님께 도움을 요청했고, 그는 구글 코리아의 내부 상황과 몇 가지 면접 팁을 전해줬습니다. 그 덕분에 저는 구글 코리아에 입사할 수 있었고, 입사 후에는 동료로 함께 일하며 서로 많은 도움을 주고받았습니다.

제 경험이 아주 특이한 건 아닙니다. 다른 사례도 있습니다. 구글 코리아에서 근무하다가 에어비앤비Airbnb의 첫 번째 한국 지사장이 된 선배님은, 에어비앤비가 한국에 잘 알려지기 전부터 '이 회사의 사업 모델은 정말 매력적이다, 꼭 이 회사에서 일해보고 싶다'고 생각하셨답니다. 생각에만 그치는 게 아니라 링크드인에서 에어비앤비 본사의 채용 담당자들을 찾아서 본인을 소개하고 한국에 진출한다면 꼭 일하고 싶다는 메시지를 수차례 보냈습니다. 에어비앤비가 아시아에 진출할 때 채용 담당자들은 연락을 주었고, 선배님은 첫 한국 지사장을 맡아 성공적으로 법인을 설립했습니다. 한국 내에서 에어비앤비의 사업을 성장시키는 성과도 보여주셨고요.

지원하고 싶은 회사에 지인이 없다면 인맥을 통해 그 회사에 재직 중인 분을 소개받고, 자신이 어떤 포지션에 관심 있는지 미리 알리세요. 채용하는 포지션이 생기면 추천해달라고 부탁하는 것도 기본 태도입니다. 인맥으로 내가 원하는 회사의 재직자를 찾을 수 없다면, 링크드인을 활용해보세요. 지원하고 싶은 회사에서 유사 업무를 하고 있는 사람에게 친구신청을 한 후, 해당 회사에 대한 본인의 열정을 보여주며 추천을 부탁할 수도 있겠죠.

이때 유의해야 할 점은 '난 이 회사가 너무 좋고 이 회사의 어떤 직무라도 좋으니 무조건 들어가고 싶다'는 태도로 접근하면 안 된다는 것입니다. 제가 아마존에서 본인이 지원하는 직무에 대한 관심보다는 그냥 아마존에 들어오고 싶어서 지원한 것 같은 사람들을 몇 번 면접했는데요, 그런 지원자는 어떤 회사에서도 반기지 않습니다. 새로운 인연을 만들 때도 '저는 이러이러한 커리어를 밟아왔고, 제 경험과 역량을 바탕으로 귀사의 마케팅에 (또는 다른 업무에) 기여할 수 있다, 그리고 나는 귀사의 사업과 상품의 팬이고 강한 열정을 갖고 있어서, 귀사에서 일하고 싶어서 귀하에게 초면임에도 연락드림을 양해해달라'는 확실한 지원 사유가 있어야 합니다. 그렇다면 상대방도 공감하고 본인이 직접 연락을 주거나 담당팀에 전달할 수 있겠죠. 명확한 지원 사유, 업무에 대한 자신의 역량과 경험을 갖추고 설명하는 것은 새 인연에 대한 최소한의 예의입니다.

Skill up

•

# 성공적인 커리어를 위한 이직의 기술

평생 직장이 아니라 평생 직업의 시대가 된 만큼 이직을 부정적으로 생각하는 사람은 거의 없는 것 같습니다. 하지만 이직은 개인의 커리어 개발에서 매우 리스크가 크기 때문에 신중히 접근해야 합니다. 저 역시 여러 차례 이직했지만 그중에는 성공적인 것도 있었고, 제가 예상하지 못한 어려움 때문에 다시 이직한 경험도 있습니다. 그래서 저는 가능하다면 재직 중인 회사에서 다양한 경험을 하며 역량을 개발하고 승진해 리더가 되길 추천합니다만, 이럴 때는 이직을 고려해 보세요.

### 1. 현재 재직 중인 회사에서 업무 능력을 키우기 어려운 경우

기업에 신입사원으로 입사하면 영업, 마케팅, 경영지원 등 직군을 선택하죠. 그 안에서도 광고대행사의 국내 광고기획 업무, IT 기업의 디지털 마케팅 업무 등 특정 업무를 맡게 됩니다. 이런 특정 업무는 3~4년 정도 지나면 어느 정도 익숙해집니다. 이때 같은 직군 내에서 다른 업무를 맡아 업무 능력을 성장시켜야 합니다. 광고대행사의 디지털 마케팅 업무, IT 기업의 신규 사업개발 등이 바로 그런 업무들입니다.

문제는 재직 중인 회사의 업무 영역이 좁거나, 각 팀의 업무가 극도로 전문적이어서 다른 업무를 경험할 수 없는 구조입니다. 마케팅 조직이 너무 작아서 브랜드 마케터 한 명, 퍼포먼스 마케터 한 명씩만 있고 더 이상 조직이 클 가능성이 보이지 않거나, 제대로 가르쳐 줄 선배가 없다면 업무 능력을 키우기 어렵겠죠. 더 최악은 회사 내에서 팀을 옮기려는 행위를 '배신'으로 간주하고 절대 못 옮기게 하는 상황인데요, 의외로 이런 경우가 많아서 결국 이직해야 할 때가 아쉽습니다.

### 2. 현재 재직 중인 회사에서 리더십 개발이 어려운 경우

소프트웨어 개발자들은 관리자가 되지 않고 평생 개발에만 전념

하기도 합니다만, 마케팅을 포함해 대부분의 사무직 근무자들은 팀원individual contributor 역할에서 역량을 인정받으면 팀 전체의 성장을 이끌고 팀원들의 발전을 돕는 매니저, 팀장 등 리더 역할을 필수적으로 맡아야 합니다. 이 중에서 뛰어난 사람은 임원, 대표가 될 수 있습니다.

10~15년 차 경력사원을 뽑을 때는 팀을 이끌었던 경험을 필수적으로 요구합니다. 문제는 현재 직장에서 리더십 역할을 맡기 어려운 상황이거나(대기업의 인사 적체 현상이 그러하지요), 현재 리더 역할을 맡고 있더라도 최상위 리더십으로 가기 어려운 구조(현재 외국계 기업의 팀장이나 대표직은 항상 재미교포 출신들이 맡기에 더 올라갈 수 없기도 합니다)라면 이직을 고려해보는 것이 좋습니다. 그렇지 않고 팀원으로만 계속 일한다면 연차가 올라갈수록 리더십 경험이 없다는 점이 이직에 큰 장애물로 작용할 것입니다.

### 3. 기울어져가는 기업과 산업에 몸담고 있는 경우

요즘은 5년 전만 해도 멀쩡해 보이던 대기업들이 한순간에 문을 닫거나 구조조정하는 모습을 종종 볼 수 있습니다. 내가 몸담고 있는 회사가 좋고 회사에서 대우를 잘 받고 있다고 해도 회사가 망해버리면 아무 소용없는 노릇이지요. 특히 한 회사가 경영을 잘못해서 어려워진다면 동종 업계로 이직할 수 있는 기회가 있지만(2012년 야후코리아가 철수하면서 재직 중이던 직원들이 구글, 페이스북으로 이직했습니다), 외부 환경의 변화로 업종 전체가 어려워진다면 아예 이직 기회가 사라집니다. 그러니 항상 회사와 업종의 비즈니스 상황에 관심을 기울이고, 개선될 희망이 보이지 않는다면 빨리 탈출해야 합니다.

**4. 회사나 구성원들과의 문화적, 개인적인 가치 충돌**

이직 사유 중 가장 높은 비율을 차지할 것 같은데요. 회사의 기업 문화(군대식 문화, 쓸데없는 야근 강요, 사내 정치 등이 아직도 남아 있긴 하죠)가 본인의 가치와 맞지 않거나, 업무 스타일이나 성격 차이로 상사와 자주 충돌한다면, 회사를 옮기고 싶은 게 인지상정입니다. 특히 전혀 관심 없는 제품이나 서비스, 때로는 싫어하는 제품을 마케팅해야 할 경우, 본인의 가치와 충돌하면서 어려움을 겪기도 합니다(그렇다 하더라도 최대한 회사 내에서 다른 대안을 찾아보시고 도저히 방법이 없다면 이직을 고려해보세요).

상사와의 갈등 때문에 이직하는 경우도 많은데, 그게 나중에 보면 신의 한 수가 되기도 합니다. 일례로 전에 근무했던 한 회사에서 경영진이 바뀐 이후 회사 내에서 실력을 인정받던 리더급 몇 분이 이직했습니다. 새로운 경영자와 잘 맞지 않아서요. 남게 된 후배 입장에서 당시에는 너무나 안타까운 상황이었는데, 결과적으로 그분들은 본인에게 더 잘 맞는 회사에서 더 중요한 역할을 하면서 행복해하는 모습을 보았습니다.

제가 구글에서 라이엇게임즈로 이직할 때의 사유는 1, 2번이었습니다. 구글에서 4년 정도 광고 영업을 한 뒤, 기업 내에서 인하우스 마케팅 리더 역할을 하고 싶다고 생각하던 때였죠.

라이엇게임즈에서 제 업무는 입사 전에 예상했던 바와 크게 다르지 않았습니다. 작지만 중요한 팀을 맡아서 제 과거 경험과 역량을 기반으로 회사와 국내 400만 명의 리그오브레전드 커뮤니티에도 기여할 수 있었습니다. 하지만 전혀 예상하지 못한 어려움이 있었으니, 헤비 게이머인 고객들, 직장 동료들과 정서적으로 교감하기 어려웠다는 것입니다. 제 고객들과 동료들은 게임을 너무나 사랑하다 보니 하루에도 게임을 서너 시간씩 하고, 게임을 하지 않는 시간에도 게임에 대한 대화만 주로 나누며, 고객들은 게임의 공정한 경쟁을 저해하는 해킹이나 편법cheating에 대해 극도로 분노했습니다.

게임보다는 사람들을 만나서 술 마시고 대화하는 것에 더 관심이 많은 저는 그들을 머리로는 이해했지만 가슴으로는 공감할 수 없었습니다. 아무리 라이엇게임즈가 좋은 회사이고 게임업계의 미래가 밝다고 해도 제가 추구하는 가치와는 맞지 않았습니다. 앞의 이직 사유 중 4번에 해당되는 상황이었죠. 그래서 라이엇게임즈에 근무한 지 1년 정도밖에 안 되는 시점이었지만, 제 가치와 잘 맞고 제 경험과 역량을 활용할 수 있는 아마존으로 이직했습니다.

지금까지 이직해야 할 여러 사유를 말씀드렸지만, 그래도 저는 지금 회사에서 다른 기회를 최대한 찾아보길 추천합니다. 특히 이직 사유가 1과 4에 해당된다면, 먼저 '꼭 이직이 답인가?'라고 질문해야 합니다. 아는 사람이 별로, 또는 아예 없는 새로운 회사에 가서 맨땅에 헤딩해 성공하는 건 정말 어렵기 때문입니다. 지금 다니는 회사에서 자신의 업무 역량과 리더십을 개발할 기회가 있는지 샅샅이 찾아보세요. 상당수의 경우 좋은 기회를 찾을 수 있을 겁니다. 아무리 찾아도 도저히 길이 안 보인다면 그때 이직을 생각하고, 이직하더라도 세 가지를 고려하시기 바랍니다.

### 1. 박수칠 때 떠나라

대부분의 사람들은 상사와의 갈등 등 회사 내에서 어려움을 겪고 나서야 이직을 생각합니다. 하지만 주위에 이직을 잘한 사람들을 보면, 현 직장에서 최고의 성과를 내고 있을 때 그다음에 도전할 더 좋은 기회를 찾습니다. 나를 뽑을 회사의 입장에서 생각해보면 지금 직장에서 잘나가는 스타 플레이어를 선호하지, 한직으로 밀려났거나 저성과자인 사람은 선호하지 않겠죠. 지금은 잘나가지만 장기적으로 이직이 필요하다고 생각하면, 잘나갈 때부터 준비하세요.

**2. 지원하는 회사의 모든 것을 뒤지자**

제일 좋은 이직은 예전에 같이 일했던 선후배, 동료의 추천을 통해 입사하는 것입니다. 입사를 권하는 사람은 당연히 이직하게 될 회사의 장단점과 문화, 전망, 연봉 등을 솔직하게 이야기해줄 것이고, 입사 후에도 성공적으로 안착하게 도와줄 겁니다. 아는 사람의 추천이 아니라 직접 지원했거나 헤드헌터를 통해서 이직한다면, 겉으로 드러나는 업무 내용이나 연봉 외에도 회사의 문화, 전망 등에 대해 샅샅이 살펴 본인과 잘 맞을 회사인지 판단해야 합니다. 다행히 요즘은 블라인드, 잡플래닛, 글래스도어 등 여러 사이트를 통해 내부 사정을 어느 정도 파악할 수 있습니다.

**3. 글로벌 기업을 생각한다면 링크드인은 필수**

링크드인이 생기기 전 경력자 구직 시장은 정보의 비대칭성이 매우 심했습니다. 이직하려면 지인에게 의존하거나, 헤드헌터에게 이력서를 주고 적절한 자리를 추천해달라고 해야 했죠. 하지만 링크드인이 생기면서 시장은 완전히 바뀌었습니다. 헤드헌터나 인사담당자가 아니더라도 누구나 링크드인에서 회사에 필요한 경험과 능력을 갖춘 사람들을 쉽게 찾아보고 연락할 수 있습니다. 특히 글로벌 기업이나 스타트업들은 회사 내 채용담당자가 링크드인에서 적절한 후보자를 직접 찾아 적극적으로 연락합니다.

글로벌 기업으로 이직하고 싶다면, 링크드인에 프로필을 만들고 어떤 회사에서 어떤 업무를 했는지 등 아주 간략하게라도 업데이트해야 합니다. 본인의 포트폴리오나 블로그, 언론 인터뷰 등을 자세히 업데이트한다면 더 좋겠죠. 요즘은 링크드인 프로필 정보만으로 바로 입사 지원이 가능하도록 편의를 제공하는 기업들도 증가하고 있습니다.

평생 직장은 없고, 평생 직업을 가져야 하는 시대입니다. 평생 직업 시대에 본인과 잘 맞는 회사와 직무로 시의적절하게 이직한다면 커리어를 개발할 수 있습니다. 다만 현 직장, 상사에 대한 불만 해소나 단기적인 연봉 인상을 위한 이직보다는 장기적인 커리어 개발을 염두에 두고 이직해야 합니다. 너무 잦은 이직보다는 한 회사에서 최소 2년, 가능하면 4년 이상 근무하길 추천합니다.

# Part 4

# 디지털 마케터가
# 늘 새로운 길을 만든다

Report

포스트 코로나 시대에 요구되는 CMO의 다섯 가지 역할

# 제품으로 차별화가 어려울 땐, 이런 CMO가 필요하다

지금 디지털 마케터로 일하는 분들이라면 한 번쯤 CMO를 꿈꿔 보셨을 겁니다. 마케터들의 수장이라는 점에서 가까워 보이기도, 기업의 마케팅 부문 전체를 총괄하는 경영자라는 점에서 멀어 보이기도 하는 자리입니다. 단순히 연차가 쌓인다고 해서 주어지는 것이 아니라 디지털 마케터의 기술과 아이덴티티를 기반으로 시장의 변화를 주도적으로 이끌고, 전사적인 관점에서 공격적인 마케팅을 할 수 있어야 합니다. 코로나19와 같은 위기에도 대응해야 합니다. 여기서는 지금 이 시대에 요구되는 CMO의 역할을 구체적으로 살펴

보고, 성공하는 CMO가 되기 위해 가져야 할 태도를 이야기하려고 합니다.

국내에서 CMO라는 역할을 가장 먼저 만든 회사는 제가 알기로 삼성전자입니다. 1999년, 삼성전자 경영진은 소니SONY 등 일본 경쟁사를 추월하기 위해 제품의 기능은 물론이고 글로벌 브랜드로 발돋움하기 위한 체계적인 브랜드 마케팅이 필요하다는 점을 깨달았습니다. 글로벌마케팅실GMO, Global Marketing Operations이라는 조직을 만들고 에릭 김Eric Kim이라는 재미교포 마케팅 전문가를 임원으로 영입하여 GMO 조직을 맡깁니다. 기존에는 휴대폰, TV, 생활가전 등 각 사업부별로 마케팅 조직이 있었고, 해당 조직들은 영업 조직에 속해 있었습니다. 이와는 다르게 삼성전자 전체의 브랜드 마케팅을 총괄할 조직을 별도로 만들고, 에릭 김에게 CMO 역할을 맡긴 거죠.

그 후 GMO는 TV 광고를 통한 글로벌 브랜드 캠페인, 올림픽 후원 등 스포츠 마케팅, 문화 마케팅 등 다양한 브랜드 마케팅을 진행하며 삼성전자가 글로벌 초일류 브랜드로 성장하는 데 큰 기여를 합니다. 삼성전자 GMO의 사례는 〈하버드 비즈니스 리뷰〉에 소개될 정도로 세계적인 브랜드 마케팅 성공사례로 꼽힙니다. GMO의 수장 자리도 초반에는 교포들이 주를 이루었지만, 나중에는 P&G, 로레알 등 글로벌 소비재 기업에서 마케팅 전문가로 명성을 쌓고 삼성전자에 임원으로 영입된 심수옥 부사장, 이영희 부사장 등 한국인 여성 마케터들이 넘겨받습니다.

삼성전자를 통해 국내에 전파된 CMO라는 직급은 국내 기업들에 널리 확산되었습니다. 삼성전자와 마찬가지로 제품을 만들어 수출하는 제조업이 주를 이루는 국내 대기업들은 처음에는 마케팅을 중요하게 생각하지 않고 엔지니어나 영업 출신 임원들에게 맡겼습니다. 하지만 더 이상 기술로 차별화가 어려운 시점은 오기 마련입니다. 그땐 회사의 브랜드 가치를 높여줄 수 있는 마케팅 전문가가 필요하고, CMO를 채용합니다. 최근에는 스타트업들도 초창기 어려운 시기를 넘긴 후에는 CMO를 채용하여 전사적인 관점에서 공격적인 마케팅을 진행합니다.

CMO가 되려면 어떤 경험과 역량을 쌓아야 할까요? 마케터의 역할이 회사마다 다른 것처럼 CMO의 역할 역시 회사마다 다르고, 비즈니스 환경의 변화에 따라 계속 진화할 것입니다. 코로나19처럼 예상치 못한 상황은 마케팅은 물론 전 세계의 비즈니스를 변화시킵니다. 그럼에도 변함없는 사실은 CMO의 주요 목표는 비즈니스의 성장이라는 점입니다.

코로나19로 인해 전 세계 소비자들의 쇼핑은 급격하게 온라인 중심으로 전환되었습니다. 리테일 업체들이 이미 오랜 기간 전자상거래 솔루션을 강화해왔지만, 팬데믹으로 인해 온라인 쇼핑, 디지털 마케팅, 옴니채널 서비스(omni-channel service, 예를 들면 주문 후 매장에 방문해 수령하는 서비스를 들 수 있습니다)로 유입된 신규 소비자는 수백만 명에 이릅니다. 우리나라도 예외는 아닙니다. 기존에도 온라인 쇼핑을 이용하던 젊은 층은 물론 60대 이상의 고객들도 온라인 쇼핑을 이용하기 시작했고, 그 편리함에 익숙해진 소비자들은 다시 오프라인으로 돌아가지 않을 것입니다.

소비재 업계의 CMO들은 D2C를 성장 기회로 활용하려던 노력에 박차를 가하고 있으며, CMO의 역할 중 분석하는 역량을 강조하기 시작했습니다. 한 자동차 브랜드의 CMO는 '코로나19는 온라인 쇼핑, 디지털 쇼핑으로의 전환을 앞당겼다. 또한 모든 데이터를 분류하고 이를 조직의 발전을 위해 활용 가능한 분석 정보로 바꿀 수 있는, 역량 있는 분석팀의 중요성을 빠르게 부각시켰다'고 말했습니다.

포스트 코로나 시대의 CMO에게 기대되는 역할을 업계에서는 일반적으로 어떻게 정의하고 있는지 관련 자료를 찾아봤습니다. 2021년 초에 구글과 딜로이트Deloitte는 〈포춘Fortune〉 1000대 기업 중 50여 개 기업의 경영진과 CMO들을 인터뷰해 포스트 코로나 시대 CMO들이 겪고 있는 도전과 새롭게 정의한 CMO의 기대 역할 다섯 가지를 정리했습니다.

### 고객 전문가 Customer Champion

비즈니스 성장을 실현시킬 데이터와 인사이트를 고객에게서 발견하는 CMO입니다. 고객을 분석해 새로운 비즈니스 기회를 발견해 신사업을 이끌며, 고객들에게는 개인맞춤형 경험을 제공하여 비즈니스 성장을 이끌어낼 수 있는 유형입니다.

### 성장 전문가 Growth Driver

더 많은 고객을 확보하고 매출을 올려 기업의 지속가능한 성장을 이끄는 데 주도적인 역할을 하는 CMO입니다. 기업 경영진이 바라는 가장 이상적인 CMO상입니다. 하지만 실제 기업이 성장하는 데 마케팅이 기여할 수 있는 부분이 제한적이기도 하고, CMO가 브랜딩, 마케팅 커뮤니케이션 분야의 경험만 있는 경우도 많기 때문에 현실적으로 어려운 역할입니다.

### 역량 구축 전문가 Capability Builder

기업의 상황에 따라, 특히 스타트업이나 전략적 시도 단계에 있는 기업에는 역량 구축형 CMO가 필요합니다. 탄탄한 마케팅 역량을 개발하고, 데이터 및 분석에 대한 폭넓은 전문성을 갖춘 훌륭한 팀을 구성해야 하며, 마케팅 조직의 역량 개발을 넘어서서 회사 전체가 고객 데이터를 제대로 관리하고 비즈니스에 활용하는 역량을 갖출 수 있도록 지원해야 합니다.

### 스토리텔링 전문가 Chief Storyteller

코로나19로 고객들의 소비는 급격히 온라인으로 전환되었지만, 브랜드의 중요성은 변하지 않았습니다. 고객들의 호응을 이끌어 낼 수 있는 콘텐츠를 통해 매력적인 브랜드 스토리를 전달하고, 특히 사회 트렌드의 변화와 고객들이 기업에 기대하는 바를 정확히 파악해 브랜드 스토리에 반영할 수 있는 역량과 노력이 필요합니다.

### 혁신 전도사 Innovation Catalyst

새로운 기술, 데이터 및 기법을 도입하여 고객을 위한 획기적인 제품 및 솔루션을 제공하는 데 주도적인 역할을 하는 CMO입니다.

더 나아가 기업 내부 프로세스를 개선하면서 고객 경험에 혁신을 가져오는 역할을 하기도 합니다.

여러분은 앞의 다섯 가지 유형 중 어떤 유형에 가깝나요? 저는 고객 전문가와 스토리텔링 전문가에 가깝다고 생각했습니다. 물론 다섯 가지 역량을 모두 완벽하게 갖기 어렵고, 기업마다 필요로 하는 역량도 조금씩 다를 겁니다. 다섯 가지 역량을 모두 조금씩은 갖추기 위해 노력하되, 자신만의 강점을 키우면, 결국 그 강점을 필요로 하는 기업의 CMO가 될 수 있을 것입니다.

Interview 1

**구글APAC 동남아 비디오 솔루션 스페셜리스트 김채경 매니저**

# 국내 광고회사의 신입사원에서 구글의 글로벌 마케터로

디지털이 가져온 중요한 변화 중 하나로, 공간의 제약이 사라진 사실을 꼽을 수 있죠. 단순히 온라인이냐, 오프라인이냐 구분하는 것에서 벗어나 조금 더 시야를 넓게 가져보면 세계로 눈을 돌릴 수 있습니다. 실제로 국내 기업이 해외에 진출하는 사례도 많고, 글로벌 기업이 한국에 관심을 기울이고 한국 지사를 만드는 등 많은 변화가 일어나고 있습니다. 이는 곧, 마케터에게도 선택지가 더 많아졌다는 것을 의미합니다. 글로벌 마케터가 되는 게 더 이상 막연한, 세계 어딘가에 있는 누군가의 일만은 아닙니다.

김채경 매니저는 제 지인 중 가장 좋은 사례입니다. 그는 현재 구글APACAsia-Pacific 본부가 있는 싱가포르에서 동남아 비디오 솔루션 스페셜리스트팀의 팀장으로 일하고 있습니다. 제일기획에 신입사원으로 입사해 구글 코리아를 거쳐 세계 무대로 나간 경우인데요. 대학생 때부터 다양한 경험을 하는 데 주저하지 않은 이야기를 들으며 그도 한때는 제너럴리스트였고, 지금은 그가 속한 팀 이름에서도 볼 수 있듯 명실상부 스페셜리스트로 거듭났다는 걸 알 수 있었습니다. 기술의 발달 덕분에 더 정교해진 광고 상품으로 소비자의 삶을 바꾸고, 전 세계적으로 인정받으며 쌓아가는 자기효능감과 자기가치감은 그 어느 것보다 단단해 보였습니다. '막상 취업할 때는 글로벌 기업의 한국 지사에서 시작하는 게 좋을지, 아니면 국내 기업 본사의 글로벌 마케터 역할이 좋을지 고민될 것'이라는 그는 두 세계를 모두 겪어본 사람으로서, 실질적인 이야기를 들려주었습니다.

**Q. 마케터라는 일에는 언제부터 관심을 가졌나요?**

대학교에서 언론홍보와 경영을 복수전공하면서 자연스럽게 마케팅을 접하기도 했고요, 학교 연극동아리에서 기획자 역할을 맡아 공연 기획부터 펀딩, 관객 모집까지 공연 마케팅의 전 과정을 경험했습니다. 그때 마케터가 되고 싶다고 생각했어요. 실제 제 적성과 능력에 맞는지 알고 싶어서 대학 재학 중에 광고홍보 분야에서 인턴을 세 번 정도 했습니다. 첫 인턴은 글로벌 PR대행사인 플레시먼 힐러드Fleishman Hillard에서 했는데, 재밌었지만 PR은 제 적성에 맞지 않다고 생각했어요. 그 후 종합광고대행사 SK M&C(현재는 SM엔터테인먼트에 인수되었습니다), 제일기획에서 인턴을 했습니다. 제일기획 신입사원 공채에 지원해 2013년에 입사했습니다.

**Q. 인턴 제도를 적극적으로 활용하셨네요. 제일기획에 지원한 건 인턴을 해보니 가장 적성에 맞았기 때문인가요?**

제일기획에 지원했던 건 TV 광고를 기획하는 AE가 되고 싶어서였어요. 그런데 신입 교육이 끝나고 글로벌 디지털 플래닝팀으로 배치받았어요. 해외 경험은 없었는데도, 영어 공부를 꾸준히 했고 다른 동기들보다는 영어를 잘하는 편이어서 그랬던 것 같아요. 그때 삼성전자 카메라 사업부의 글로벌 디지털 캠페인을 맡아 글로벌 웹사이트와 소셜미디어 7개를 운영했는데, 운 좋게도 주니어 때부터 AE와 APAccount Planner를 모두 담당했어요. 전 세계를 대상으로 한 디지털 캠페인의 전략 수립부터 실행까지 모두 경험했습니다. 나중에는 1년 정도 디지털 마케팅 성과 분석 업무도 담당했어요. 이로써 짧은 기간이지만, 디지털 마케팅의 전 과정을 모두 경험한 셈이죠.

### Q. 제일기획에 지원했던 원래 의도와는 달라진 것 아닌가요?

네, 원래 제일기획에 지원했던 이유는 국내 시장을 대상으로 TV 광고를 하고 싶어서였지만, 글로벌 캠페인을 진행하면서 글로벌 기업에서 세계적으로 임팩트를 만들고 싶다고 생각하게 됐어요.

제일기획의 글로벌 디지털 플래닝팀에 근무하면서 여러 캠페인을 진행했는데, 팀 이름에서 아실 수 있듯이 제가 담당한 캠페인은 모두 전 세계를 대상으로 했어요. 저는 한국에 앉아서 캠페인 전 과정을 기획했고, 캠페인 제작팀, 콘텐츠 제작 대행사, 인플루언서 등 담당자들은 모두 글로벌 인력이었고요. 그때 했던 일 중 2014년 진행한 #WefieNX 캠페인이 특히 기억에 남는데요, 삼성전자에서 셀피Selfie 기능에 특화된 카메라 신제품을 출시하며 인지도를 높이기 위해 진행한 글로벌 캠페인인데, 글로벌 제작팀과 함께 만든 캠페인에 전 세계 사람들이 참여하는 걸 보면서 색다른 재미를 느꼈어요.

### Q. 제일기획에서 구글 코리아로 이동한 특별한 계기가 있나요?

당시 구글 코리아와 구글플러스 '행아웃 온에어'(지금은 유튜브 생

출처 : 삼성전자 뉴스룸

"제일기획에서 진행한 삼성전자의 #WefieNX 캠페인이 기억에 남아요. 글로벌 제작팀과 함께 만든 캠페인에 전 세계 사람들이 참여하는 걸 보면서 색다른 재미를 느꼈어요."

중계로 통합되었습니다)를 활용한 캠페인을 함께 진행했어요. 그전까지만 해도 저는 마케터에게는 광고주와 광고대행사 두 가지 길만 있는 줄 알았는데, 디지털 플랫폼에서 근무하는 세 번째 옵션이 있다는 걸 알게 된 거죠. 그때부터 플랫폼에서 근무할 수 있는 기회를 조금씩 알아봤고요.

마침 유튜브 광고 매출이 폭발적으로 성장하면서 구글 코리아에 광고주와 대행사들의 유튜브 광고 기획, 집행을 지원하는 비디오 솔루션 스페셜리스트Video Solution Specialist라는 새로운 포지션이 생겼어요. 저는 그 자리에 지원했고, 2016년 10월 구글 코리아에 입사했습니다. 제일기획에서 글로벌을 대상으로 유튜브, 소셜미디어 캠페인을 진행했던 경험이 큰 도움이 되었던 것 같아요.

**Q. 구글 코리아에서는 어떤 일을 했나요?**

구글 코리아에서 제가 속한 팀은 APAC 전체를 담당하는 팀이었어요. 팀장은 싱가포르에서 근무했고 팀원들은 아시아 각국에 흩어져 근무하는 형태였고요. 저는 팀에서 유일하게 한국에서, 한국 시장을 담당하는, 한국인 직원이었는데요, 싱가포르에는 APAC 지역을 대상으로 하는 다양한 팀들이 있었습니다. 그것을 보면서 저도 한국 시장을 벗어나 글로벌 업무를 경험해보고 싶다고 생각했어요.

마침 동남아시아의 디지털 광고 시장이 커지면서 팀장에게 한국에서와 같은 역할로 동남아시아를 담당해보지 않겠냐는 좋은 제안을 받았고요. 구글 코리아에 입사해 한국에서 근무한 지 1년 3개월 만에 싱가포르로 근무지를 옮겨 3년 넘게 근무했어요. 현재는 동남아시아 담당 팀의 팀장을 맡아 베트남, 인도네시아, 태국 등 여러 국가의 팀원들을 이끌고 있습니다.

**Q. 여러 나라의 마케터들과 협업했던 일 중 가장 자랑하고 싶은 사례는 무엇인가요?**

먼저 한국에서 시작해서 성공사례로 인정받아 글로벌로 확산된 '구글·유튜브 크리에이티브 디렉토리creative directory'를 소개하고 싶습니다. 당시 유튜브가 가장 중요한 비디오 마케팅 플랫폼으로 떠올랐지만 스타트업 광고주들의 입장에서 한 가지 문제점이 보이더라고요. 제일기획 같은 기존 대형 광고대행사들의 광고 제작비는 너무 비싸서 스타트업이나 중소기업들 입장에서는 언감생심이었고, 비디오 광고 소재가 없어서 유튜브에서 광고를 시작조차 못하더라고요.

저는 유튜브에서 광고를 하는 데 TV 광고처럼 수십 명의 스태프를 동원해서 고퀄리티의 비디오를 만들 필요는 없다고 판단했어요.

그래서 합리적인 가격에 비디오 광고를 만들 수 있는 부티크들을 발굴해서 스타트업 광고주들에게 연결해주는 프로젝트를 진행했습니다. 한 P2P Peer to Peer 금융 스타트업이 이 프로그램을 활용해서 성공적으로 유튜브 캠페인을 진행해 인지도와 매출이 모두 성장했어요. '스튜디오좋' 등 부티크들 역시 영상 기획 및 제작 역량을 인정받아 크게 성장하는 계기가 되었던 게 기억에 남습니다.

**Q. 스포츠용품 전문 쇼핑몰인 데카트론과 함께 진행했던 캠페인도 있었죠? 모든 광고주의 꿈을 실현한 캠페인이었다고요.**

각 소비자의 관심사에 맞춘, 개인화된 광고 메시지를 보여주면서도, 소비자들이 광고를 광고가 아닌 유용한 정보로 받아들이고 결국 구매까지 하는 건 모든 광고주들의 희망사항이죠. 하지만 소비자들의 관심사를 수십 개로 나누고, 그에 맞는 수십 개의 광고 크리에이티브를 만드는 건 쉽지 않고 비용도 많이 듭니다. 그때 마침 유튜브에서 디렉터믹스 Director Mix라고 하는 광고 상품을 선보였습니다. 광고주가 기본적인 광고 카피와 제품 이미지만 제공하면 소비자의 관심사에 따라 자동으로 유튜브 광고 영상 앞에 개인화된 메시지를 붙여주는 서비스였고요.

저는 이 디렉터믹스가 다양한 스포츠용품을 판매하는 데카트론

Decathlon에 최적이라고 판단하고 아이디어를 제안했습니다. 실제 광고 캠페인을 준비하는 과정에서 컨설팅도 하고요. 그 결과 데카트론은 무려 110개나 되는 개인화된 유튜브 광고를 집행했습니다. 광고 전 대비 온라인 구매는 175%, 광고비 투입 대비 수익률ROAS, Return on Ad Spend은 51%, 매장 방문은 28% 상승하는 등 큰 성과를 거뒀어요. 구글 내에서도 우수 사례로 선정되어 아시아 각국에 공유됐고요.

**Q. 글로벌 마케터로 일하면서 어려운 점도 있었을 것 같아요.**

내외부 컨퍼런스에서 영어로 프레젠테이션을 하는 게 가장 어려웠습니다. 구글은 동남아시아 여러 국가에서 광고주와 광고대행사들을 대상으로 마케팅 컨퍼런스를 개최했는데요, 저는 그 컨퍼런스에서 유튜브의 새로운 광고 상품과 우수 캠페인 사례들을 소개하면서 광고 영업을 지원해야 했습니다. 내성적이고 외부 발표보다는 플래닝과 전략 수립을 더 선호하는 성격인데, 구글에 와서는 팀 내에서는 물론이고 대중을 상대로 발표를, 그것도 영어로 해야 하는 게 너무 힘들었어요.

한번은 한국에서 근무할 때 팀 전체가 모이는 글로벌 워크숍에서, 200명 앞에서 5분짜리 엘리베이터 피치elevator pitch를 해야 했어

출처: 유튜브 채널 Think with Google APAC

"디렉터믹스는 광고주가 기본적인 광고 카피와 제품 이미지만 제공하면 소비자의 관심사에 따라 자동으로 유튜브 광고 영상 앞에 개인화된 메시지를 붙여주는 서비스였고요. 데카트론은 이를 활용해 무려 110개나 되는 개인화된 유튜브 광고를 집행했고, 구글 내에서도 우수 사례로 선정되어 아시아 각국에 공유되었어요."

요. 행사 전에 정말 많이 연습했는데, 막상 발표 때는 극도로 긴장해서 제대로 못했어요. 남들은 괜찮다고 했지만 저 스스로는 망신당했다고 생각했고, 발표 트라우마가 생길 정도였습니다. 하지만 거기서 포기할 수는 없고, 이걸 극복하려면 부딪치는 수밖에 없다고 생각했어요. 그래서 싱가포르로 옮긴 뒤 1년 동안 50개 이벤트에서 발표를 했습니다. 거의 일주일에 한 번씩 출장 다니면서 발표를 한 셈이죠. 이런 강도 높은 연습과 실전을 통해서 발표 공포증을 극복했고, 1년 후 열린 베트남 최대의 유튜브 관련 컨퍼런스에서 키노트를 맡아 하나도 떨지 않고 무사히 발표했어요.

**Q. 대학생 때 인턴 활동도 그렇고, 발표 공포증도 그렇고, 뭐든지 직접 부딪치면서 해결하는 스타일이시네요.**

부딪쳐봐야만 알 수 있는 것들이 있으니까요. 또 다른 예로 제가 동남아시아 지역을 맡았을 때 마주한 어려움을 들 수 있겠네요. 여러 지역을 동남아시아라는 이름으로 묶긴 했지만, 제가 직접 마주한 동남아시아는 하나의 같은 지역이 아니었어요. 여러 국가들의 문화 차이를 극복해야 한다는 과제를 마주한 거죠. 베트남, 태국, 인도네시아, 말레이시아 등 국가별로 언어와 문화가 완전히 상이하고, 제가 담당했던 여러 나라의 담당자들이 일하는 스타일도 모두 달라요. 한국 사람들끼리 일할 때와는 완전히 다른 접근법이 필요했고, 이건 책으로 배울 수 없다고 생각했어요. 그래서 구글 내 여러 네트워킹 이벤트 때 각 나라별로 친구들을 적극적으로 사귀고, 그 나라의 문화를 이해하기 위해 부단히 노력했어요. 이런 노력이 있었기에 팀장으로서 동남아시아팀을 맡은 뒤에는 각 국가별 담당자들의 업무 스타일을 존중해주면서도 수준을 모두 높이기 위해 지속적으로 코칭하고, 팀 전원이 합의한 데드라인을 명확히 설정하며 프로젝트를 관리하는 등의 일을 할 수 있다고 생각합니다.

**Q. 글로벌 마케터를 꿈꾸는 주니어 마케터들에게 조언 한마디 해주세요.**

마케터가 되기로 결심하셨고 특히 글로벌 무대에서 일하고 싶으시다면, 스펙 쌓기가 아닌 진정한 실력을 갖추기 위해 대학생 때부터 노력하셔야 합니다. 먼저 글로벌 회사에서 일하는 데 필요한 수준의 영어 읽기, 쓰기 능력은 갖추셔야겠죠. 네이티브가 아닌 비즈니스 수준의 영어는 해외 유학을 다녀오지 않아도, 국내에서 열심히 공부하고 교환학생 등의 기회를 통해 보완한다면 충분히 갖출 수 있습니다. 저 역시 대학교 때 교환학생을 1년 다녀온 것 외에는 해외 거주 경험이 없습니다. 고급 영어는 일하면서 배울 수 있지만, 비즈니스 수준의 기본 영어가 안 되면 글로벌 회사에 지원할 수 없습니다.

인턴, 공모전에 도전하는 것 역시 진부하지만 필수적인 경험입니다. 인턴 경험이 중요한 건, 인턴으로 근무하면서 일이 힘들어도 감내할 수 있을 만큼 정말 좋아하는지, 그리고 잘할 수 있는 분야인지 확신이 생겨야 하기 때문입니다. 스펙을 쌓기 위한 인턴십이 아니라, 회사와 업종을 경험해보고 이 분야에 뛰어들지 말지를 직접 결정하겠다는 마음가짐으로 인턴십에 도전해보세요.

특히 글로벌 마케터가 되고 싶다면 영어로 근무할 수 있는 기회에 도전해보는 것 역시 중요합니다. 네이버 취준생 카페에 올라오는 글만 봐서는 결코 찾을 수 없는 기회가 세상에는 많아요. 링크드인에 가입해서 경력 정보를 업데이트해두고, 본인이 가고 싶은 회사에 다니는 사람들을 찾아서 그들이 커리어를 어떻게 개발해왔는지 보세요. 관심 있는 회사와 인턴 관련 키워드들을(예: Singapore marketing intern) 알림 설정해놓고 기회가 뜨면 언제든 지원할 수 있게 준비해두세요. 처음부터 글로벌 회사에 도전하는 게 쉽지 않으니 제일기획 등 국내 광고대행사의 해외 법인 채용 기회를 노리거나 타다, 원티드 등 동남아에 진출한 국내 스타트업에 지원해서 글로벌 마케터 경험을 쌓는 것도 좋습니다.

모든 역량이 다 준비돼야 글로벌 기업에 지원할 수 있는 건 아니에요. 일단 도전해보고 본인이 부족한 부분을 찾고 보완해가는 반복iteration 과정을 거치며 자신감을 갖추면 됩니다.

막상 취업할 때는 글로벌 기업의 한국 지사에서 시작하는게 좋을지, 아니면 국내 기업 본사의 글로벌 마케터 역할이 좋을지 고민되실 겁니다. 두 역할을 모두 경험해본 제 입장에서는, 국내 기업 본사에서 글로벌 시야를 갖추고 마케팅을 주도하는 경험을 해보는 게 더 중요하다고 생각합니다. 내가 담당하는 제품을 글로벌의 여러 동료들을 이끌면서 글로벌 소비자를 대상으로 마케팅해보는 건 마케터에게 흔치 않은 좋은 기회예요.

글로벌 기업들의 경우 구글, 페이스북 등 디지털 기반 플랫폼 회사의 한국 지사와 다른 업종의 한국 지사에서 할 수 있는 경험과 역할은 많이 다른 것 같습니다. 해외 본사에서 내려온 마케팅 자료를 번역하고 현지화만 한다면 한국 지사에서는 별로 배울 수 있는 게 없을 거예요. 한국 시장의 마케팅을 주로 하더라도 글로벌 본사와 어떤 관계로 일할 수 있는지, 본사나 다른 지사들과 수평적인 입장에서 협업하면서 일을 배울 기회가 있는지 사전에 파악해보시길 바랍니다.

Interview 2

아마존 글로벌셀링 코리아 이성한 대표

# 글로벌 브랜드의 마케터에서 아마존 코리아의 대표까지

글로벌 마케터가 되는 길은 다양합니다. 한국 회사에서 전 세계를 대상으로 마케팅을 하거나, 한국 회사의 해외 지사로 가서 일하거나, 글로벌 회사의 한국 지사에서 일하거나 할 수 있죠. 여기에 한 가지 가능성을 더해볼까요? 글로벌 회사의 한국 지사에서 일하다가 해외 본사로 가는 경우입니다. 이쯤되면 그게 그렇게 말처럼 쉬운 일일까 생각하시는 분들이 있을 겁니다. 맞습니다. 쉬운 일은 아닙니다. 그렇다고 불가능한 일도 아닙니다. 그 경험을 듣고자 현재 아마존 글로벌셀링 코리아의 대표로 계신 이성한 대표님을 만났습니다.

좋은 마케터가 되기 위해선 유관 업무를 많이 경험하며 제너럴리스트로서의 아이덴티티를 가져야 한다고 말씀드렸는데요, 이성한 대표님만큼 이를 잘 보여주는 예시도 없습니다. 이 대표님은 조사 회사의 소비자 분석 담당자, 글로벌 기업의 브랜드 매니저, 이커머스 임원을 거쳐 아마존 코리아의 한국 대표까지 다양한 경험을 했습니다. 도전을 주저하지 않고, 주어진 기회를 압축적으로 잘 활용하는 노하우를 얻어가시길 바랍니다.

**Q. 마케터라는 일에는 언제부터 관심을 가지셨나요?**

대학생 때 경영학을 전공했는데요, 제가 숫자 다루는 것을 좋아해서 한때는 금융계나 회계 쪽에 관심을 두었습니다. 그런데 하다 보니 제가 단지 숫자에만 관심이 있는 게 아니더라고요. 숫자나 데이터를 바탕으로 제가 분석하고 기획한 아이디어를 남들 앞에서 프레젠테이션하는 게 재밌었고, 제 적성에 가장 잘 맞았습니다. 졸업 후에도 제 적성에 맞는 일을 하고 싶었고, 자연스럽게 평소 관심을 두고 있던 마케팅 분야로 취직해야겠다고 생각했습니다. 마침 학교 선배의 추천으로 닐슨 코리아에 입사했습니다.

**Q. 닐슨 코리아에서의 업무가 적성에 맞으시던가요?**

네, 그렇다고 볼 수 있죠. 소비재 회사들의 시장 점유율을 분석하는 게 당시 저의 주 업무였고요. 추가로 패널 분석을 통해 소비자 구매 패턴, 제품에 대한 충성도 등을 파악했습니다. 바셀린 등 유지 제품을 주로 파는 유니레버Unilever, 면도기로 유명한 질레트Gillette, 영국의 생활용품 제조사인 레킷벤키저Reckitt Benckiser 등 규모 있는 소비재 회사들이 제 주요 클라이언트였습니다. 고객사들을 만나 필요로 하는 내용을 듣고, 닐슨의 자료와 시장 동향을 분석해 고객사에 가서 발표하는 일도 많이 했습니다.

전 세계에서 가장 큰 조사회사인 AC닐슨에서 마케팅 경력을 시작할 수 있었던 것은 큰 행운이었던 것 같아요. 업무는 힘들고 고객사의 요청이 끊이지 않아 야근도 많았지만, 좋아하고 적성에 맞는 일이라서 즐겁고 행복하게 일했습니다. 짧은 시간 안에 다양한 제품군의 회사들을 폭 넓게 이해할 수 있었고요. 당시 회사의 배려로 대학원에서 마케팅 공부도 했는데, 회사일에 바로바로 적용할 수 있어서 큰 도움이 되었습니다. 학업과 직장생활을 병행하는 것이 힘들기는 했지만요.

**Q. 닐슨 코리아에서 레킷 코리아로 이직하셨어요. 특별한 계기가 있었**

**나요?**

레킷 코리아는 닐슨 코리아에서 일할 때 제 고객사였어요. 함께 일하다가 레킷 코리아로부터 ABMAssistant brand manager 역할로 입사 제안을 받았습니다. 세제와 섬유유연제 브랜드인 옥시크린, 오투액션, 쉐리의 브랜드 담당자로 일하면서 처음으로 브랜드 마케팅 일을 했습니다. 제품Product, 가격Price, 유통Place, 광고 등을 통한 판매 촉진Promotion까지, 마케팅 4P 전 영역의 업무를 맡았습니다.

**Q. 레킷 코리아에서 3년 정도 근무하시고, 영국 본사로 가셨어요. 순환 근무에 지원하셨다고 들었습니다.**

해외 경험은 없지만, 첫 직장부터 글로벌 회사였다 보니 영어 실력 향상과 전 세계의 다양한 문화를 이해하는 것에 대한 욕구가 늘 있었습니다. 단순히 업무적으로 커뮤니케이션하는 게 아니라 외국인들과 자연스럽게 대화하고 제대로 친해지고 싶었어요. 그러려면 해외 MBA 또는 해외 근무 경력이 도움이 될 것이라 생각했고요. 레킷 코리아에서는 직원 육성을 위한 본사 승진 프로그램이 있어서 그 기회를 잡아 해외 근무를 했습니다.

**Q. 해외 본사에서 근무하기 위해 따로 노력한 부분이 있나요?**

해외 근무 기회를 쉽게 얻을 수 있는 건 아니에요. 지속적으로 업무 성과를 보여줘야 하고, 회사 경영진에게 해외 본사 근무에 대한 제 의지를 강하게 표현해야 합니다. 본사 담당자들과의 사내 인터뷰도 통과해야 했습니다. 개인적으로는 가족도 신경써야 했고요. 아내는 경력 단절을 감수하고, 직장을 휴직해 함께 영국으로 이주했습니다. 안팎으로 많이 신경써야 얻을 수 있는 기회예요.

**Q. 영국 본사에서 근무해보니 어떠셨나요? 그곳에서 하신 업무 중 가장 자랑하고 싶은 사례를 듣고 싶습니다.**

영국에서는 1년 반 정도 근무했는데요, 정말 귀중한 경험이었어요. '글로벌' 브랜드 매니저로서 신제품을 전 세계에 출시하고 각 나라의 마케팅을 지원하는 일은 또 새롭더군요. 가장 기억에 남는 건 주요 브랜드의 D2C 웹사이트를 최초로 론칭했던 일입니다. 지금이야 소비재 회사들이 고객에게 직접 제품을 파는 게 자연스럽지만, 2007년 당시만 해도 대부분의 소비재 회사들은 소비자들에게 직접 제품을 팔아본 적이 없었습니다. 레킷 또한 마찬가지였고요. 항상 테스코Tesco, 아마존 등 유통을 통해서 제품을 팔았는데, 이러한 방법으로는 소비자 데이터를 확보할 수 없었죠.

그런 상황에서 브랜드의 D2C 사이트를 론칭하는 일은 기획, 실제 소비자들에게 마케팅, 판매, 배송까지 책임지는, 디지털 마케팅의 전 과정을 직접 경험할 수 있는 기회였습니다. 영국에서 시작해서 미국, 유럽 주요 국가로 D2C 웹사이트를 확장했고, 여러 국가의 웹사이트를 운영하다 보니 국가별로 제품은 어떻게 공급할지, 물류는 어떻게 관리할지, 다른 규제는 없는지, 디지털 마케팅 포인트 등을 정확히, 잘 알아야 사이트별로 충분한 방문자와 매출에 도달할 수 있더군요. 단순히 제가 담당한 팀만 열심히 하면 되는 게 아니라 회사의 모든 사람들과 같이 해야 하는 일이었습니다. 어렵게 확보한 소비자들을 대상으로 직접 마케팅을 하면서 소비자 접점을 확대했습니다. 정말 복잡도가 높았지만 뿌듯했던 프로젝트였습니다.

**Q. 특별히 어려웠던 점도 있었나요?**

2007년에 본사 글로벌 브랜드 매니저로 처음 근무를 시작했을 때, 솔직히 제 영어 실력은 본사에서 근무하기에는 많이 부족했습니다. 한국에서 외국인을 상대로 영어를 하는 것과는 완전히 다른 세계더라고요. 전 세계의 담당자들을 모아서 컨퍼런스 콜, 글로벌 미팅 등을 수시로 진행해야 하는데, 모두가 미국이나 영국식 표준 영어 발음을 쓰는 것도 아니고, 나라별 액센트가 강한 영어를 알아

듣는 게 너무 힘들었어요. 그리고 영국의 소비자들을 대상으로 FGI를 자주 진행했는데, 조사회사를 통하지 않고 제가 직접 소비자들을 인터뷰해야 할 때도 있었어요. 이런 경우 마케팅 컨셉 보드를 영어로 잘 써야 하는데, 제가 적은 것이 영국 소비자들이 실제 사용하는 단어와 표현인지 확신하기 어려웠습니다.

**Q. 어떻게 극복하셨나요?**

언어 실력은 노력하는 것 외에는 방법이 없더군요. 중요한 미팅에는 항상 녹음기를 들고 가서 회의 내용을 녹음하고, 회의가 끝나면 두세 번씩 들으면서 회의록을 작성했습니다. 회의 내용을 확실하게 정리하기 위해 이메일로 회의록을 공유해서 내용이 맞는지 문의했고요. 제품개발팀이나 공장에 근무하는 직원들도 우선 직접 찾아가 미팅하면서 얼굴을 익히고, 그다음부터는 전화나 화상 회의로 업무를 진행했습니다. 영어 실력이 부족해서 업무에 문제 생기는 일은 없도록 노력했습니다. 시간이 배로 필요하고, 때론 힘들기도 했지만, 영어 실력은 나아지기 마련이고, 더불어 전 세계 우수 인력들과 함께 일한다는 사실 자체가 나중엔 제게 큰 자신감을 주고, 자산이 되더군요.

**Q. 그 후 레킷 코리아로 복귀하셨어요. 마케팅 매니저로 4년간 근무하시면서 헬스케어 비즈니스 사업부를 신설하고, 한국 시장에 식도역류억제제 개비스콘과 인후염약 스트렙실을 출시하는 등 많은 일을 하셨어요. 이런 마케팅, 세일즈를 하는 데 영국 본사에서의 경험이 도움이 됐나요?**

글로벌 회사의 리더로 일하면서 중요한 것 중 하나가 본사와의 커뮤니케이션이라고 생각합니다. 본사 입장에서 봤을 때 이해하기 힘든 한국만의 특수한 상황을 이해시키고 투자와 지원을 받아내야 하는데, 제가 본사에서 일하면서 그들의 의사결정 프로세스를 잘 알게 되었고, 그들과 어떻게 커뮤니케이션해야 지원받을 수 있을지 잘 알게 된 게 업무에 큰 도움이 됐어요.

또한 본사에서는 여러 나라의 사례들을 동시에 볼 수 있었는데요, 본사에서 근무한 시간은 짧았지만 한국에서 근무하면서 배우는 것보다 훨씬 다양한 경험을 압축적으로 할 수 있었죠. 그때 얻은 아이디어를 한국에 돌아와서 적용할 수 있었고요.

**Q. 다시 레킷 영국 본사로 가셨다고요.**

네, 두 번째로 갔을 때는 3년 정도 있었습니다. 글로벌 브랜드 담당 임원director을 거쳐, 영국 본사에 신설된 글로벌 이커머스·디지털 마케팅 조직의 임원으로 일했습니다. 그전에 레킷 코리아에서 이커머스 조직을 만들고 운영하며 이커머스 총괄로도 일했는데요, 디지털 마케팅 업무와 디지털 셀링selling을 접목했던 이때의 경험이 다시 영국 본사에서의 글로벌 이커머스·디지털 마케팅 임원으로 이끌어줬다고 생각합니다.

전 세계 레킷 지사에는 각각 온라인 유통 담당자들이 있는데요, 전 이들을 모두 리드하고 관리하는 역할이었습니다. 단순 디지털 마케팅뿐 아니라, 이런 디지털 활동을 바탕으로 어떻게 온라인 세일즈를 강화하고 연결할 것인지가 제 미션이었고요. 근무지는 영국이었지만 1년에 절반 이상을 전 세계로 출장 다니면서 정말 바쁜 일정을 소화했습니다.

**Q. 지금은 아마존 글로벌셀링 코리아 대표로 일하고 계시죠. 마케터로 시작해서 온라인 영업까지, 그리고 그것을 세계적으로도 넓힌 경험이 지금의 대표님을 만든 것 같습니다.**

네, 아마존 글로벌셀링에서 한국 대표직을 제안받아 지금까지 2년 좀 넘게 근무하고 있습니다. 처음으로 회사의 대표로 일해보는 것이긴 하지만, 한국 셀러들의 매출을 크게 늘리고, 제가 담당하는 한국 조직도 많이 키우면서 즐겁게 일하고 있습니다.

**Q. 글로벌 마케터를 꿈꾸는 주니어 마케터들에게 조언 한마디 해주세요.**

한국에서 우수한 인력이라면 세계 어디서도 잘해 낼 수 있습니다. 실제로 아마존에서도 한국에 근무하던 직원들이 시애틀, 싱가포르 등 해외로 많이 나갔고 다들 큰 성과를 내고 있어요. 과거에는 한국 사람들의 영어 실력이 문제였지만, 요즘은 어릴 때부터 영어 공부를 많이 하셔서 그런지 영어는 다들 상당한 수준이라 큰 문제가 되지 않는 것 같습니다. 글로벌로 나가서 다양한 나라의 사람들을 만나면서 근무하는 경험은 마케터로서의 역량 성장에 큰 도움이 될 것이며, 강력하게 추천하고 싶습니다.

글로벌 회사의 한국 지사에서 일하다 보면 해외 이동 기회를 찾을 수 있습니다. 물론 모두에게 기회가 주어지는 건 아니고, 지속적인 업무 성과와 회사에 대한 충성도, 그리고 외국어 능력을 어느 정도는 입증하셔야 합니다. 그렇게 주니어나 중간 관리자로 해외에 나가신다면, 그다음에는 리더급으로 성장해야겠죠. 이를 위해서는 영어도 비즈니스 커뮤니케이션이 가능한 레벨을 뛰어넘어 컨퍼런스나 중요 미팅을 리드하는 수준으로 올려야 하고, 글로벌 문화에 대한 이해도도 갖춰야 합니다. 그리고 한국 사람들은 성과나 실수에 대한 질책을 다소 개인적으로 받아들이고 힘들어하는 경우가 많은데, 제가 만난 대부분의 외국인들은 그러한 일을 개인적으로 받아들이지 않습니다. 따라서 개인과 업무를 명확히 구분하는 태도는 해외 근무를 오래 하는 데 큰 도움을 줄 것 같습니다. 마케터로서 오래 일하는 데에도 중요하고요. 물론 건강에도 좋을 것 같네요.

해외로 나갈 때 가족을 동반해야 한다면, 중장기적인 계획을 명확히 세워야 합니다. 배우자의 일과 아이들의 학업에 큰 영향을 주니까요. 배우자는 일을 그만두거나 휴직을 해야 할 수도 있고, 아이들은 해외에 처음 나가면 당연히 어려움을 겪을 겁니다. 반대로 잘 적응하면 나중에는 한국으로 돌아오지 않으려고 할 수도 있어요. 이런 어려움을 미리 잘 생각해보시고, 평생 글로벌에서 일할 것인지 아니면 경험을 몇 년간 쌓고 한국에 돌아올 것인지 사전에 계획을 세우고 가시면 좋을 것 같습니다.

Interview 3

더.워터멜론 차상우 대표

# 브랜드 컨설턴트,
# '브랜드 테크' 스타트업을 창업하다

마케터의 창업 하면 흔히 광고 마케팅 대행사, 브랜드 컨설팅 등을 쉽게 떠올릴 수 있습니다. 이런 대행사나 컨설팅은 대부분 인건비 기반의 사업이기 때문에 사업의 확장 가능성이 낮다(요즘 유행하는 단어로는 스케일러블scalable하지 않다)고 평가되곤 하죠. 하지만 이런 고정관념에 도전하는 기업이 있습니다. 바로 더.워터멜론입니다. 브랜드 컨설팅, 브랜드 커뮤니티, 비대면 브랜드 개발 플랫폼으로 사업을 확장해가며 마케터 창업의 새로운 모델을 보여주고 있습니다. 이곳의 공동 창업자인 차상우 대표를 만났습니다.

그는 B2C, B2B 영역을 두루 거치며 자신만의 속도와 적성을 면밀히 들여다봤습니다. 그 과정에서 커넥터로서 동료, 고객 등 주변 사람들의 어려움과 문제점도 놓치지 않았고요. 이를 바탕으로 디지털 마케터로서 '브랜드의 민주화'라는 새로운 가치를 제시하고 실천하는 더.워터멜론이 탄생했습니다. 디지털 시대에 새로 생겨난 마케팅 접점을 이해하고 수행하면서도, 디지털 시대를 떠나 마케터의 본질을 강조하는 그로부터 자신만의 역량을 키울 방법을 찾아보시길 바랍니다.

**Q. 마케터로서의 커리어는 어떻게 시작했나요?**

대학에서 호텔경영학을 전공하고 CJ에서 사회생활을 시작해 사업기획, 신사업개발 등의 업무를 맡았습니다. 미국에서 조인트 벤처joint venture를 통해 CJ의 F&B 브랜드를 텍사스, 조지아주 등에 오픈하기도 했고, 당시 한식 QSRQuick Service Restaurant 브랜드인 비비고 브랜드 개발에 참여하여 LA, 서울, 상해 등에 비비고 레스토랑을 론칭하기도 했죠. 이때 브랜딩은 제 전체 업무 중 일부분이었고요, 현장에서 일하며 고객들의 생생한 반응을 볼 기회가 많았습니다. 뉴욕 센트럴파크에 가서 소비자들에게 설문지를 직접 돌려보기도 하고, 크리스마스 때 매장에서 케이크를 팔기도 했습니다. 현장에서 배운 건 아무리 멋진 브랜드 스토리가 있어도 고객 접점에서 전달이 제대로 안 되면 아무런 소용이 없다는 거였습니다. 이때의 경험과 깨달음이 지금도 이어져, 뜬구름 잡는 게 아니라 현장에서 실제로 쓰일 수 있는 브랜드 마케팅을 고민하는 데 큰 도움이 됩니다.

**Q. 사회초년생 때부터 많은 경험과 성과를 거둔 셈인데, 돌연 MBA로 진학했어요. 특별한 계기가 있었나요?**

CJ에서 다양한 경험을 쌓고 많은 걸 배웠지만, 동시에 여러 생각을 하게 되었습니다. CJ는 B2C 기반의 생활문화 기업이잖아요, 그만큼 시장의 트렌드를 빠르게 확인하고 적용해야 하는데, 40대, 50대가 되어서도 제가 빠른 템포의 업무 환경에서 경쟁력이 있을지 등 여러 의문이 들더군요. 저의 경험과 역량을 바탕으로 전문가로의 커리어를 쌓아갈 수 있는 고민의 시간이 필요했고 이를 위해 MBA에 진학했습니다.

**Q. LG화학의 신사업개발, 글로벌 프로젝트팀에 입사했어요. B2B 마케터로 전환한 건데, 그때 그 고민의 결과라고 봐도 될까요?**

MBA 재학 중에 다양한 업의 Case Competition에 참여해 경험을 쌓았고, 제가 직접 겪은 브랜드 마케팅과 사업개발 지식을 B2B

업종에서도 활용할 수 있을 것 같았어요. B2B로 커리어 전환은 쉽지 않다는 주변의 의견이 있었지만 LG화학의 신사업 개발, 글로벌 프로젝트팀에 입사했습니다.

LG화학에서는 미국의 셰일 가스를 기반으로 대규모 화학단지를 개발하는 신규 프로젝트를 담당했어요. 조 단위의 프로젝트를 기획하고 미국 주정부를 방문하고 주지사들을 만나 프로젝트를 협의하는 등 큰 규모의 사업을 진행했습니다.

**Q. B2C와 B2B는 속도감에 확연한 차이가 있죠. 전혀 다른 속도로 일해보니 어떠셨나요?**

워라밸도 좋고, 중장기 사업이기 때문에 일과 사람의 스트레스가 많이 줄었어요. 하지만 2년 정도 지나니 제 브랜드 정체성에 대해 고민되더군요. LG화학은 42.195㎞의 마라톤 코스를 묵묵히 달리는 회사인데, 저는 100m를 전력 질주하며 끊임없이 새로운 프로젝트를 하는 게 맞는 사람이었던 거죠. 브랜드 전략, 영업, 사업개발, 운영 등을 모두 해보면서 제 정체성에 맞는 업을 찾으려 노력했어요. 그러다 결국 저는 이 모든 분야에서 최고의 고객 경험을 전달하는 데 강점이 있고, 희열을 느낀다는 걸 발견했고요. 저의 B2B, B2C 경험을 모두 활용할 수 있는 컨설턴트가 되기로 마음먹고 글로벌 브랜드 컨설팅 회사인 인터브랜드Interbrand에 입사했습니다.

인터브랜드에서 다음카카오, 삼성전자, 현대자동차, GS, 두산 등 굴지의 국내 대기업들과 재미있게 일했습니다. 브랜드 컨설팅 보고서를 작업할 때도 B2B와 B2C 경험을 기반으로 고객들이 실제로 바로 활용할 수 있는 결과물을 낼 수 있었습니다. 브랜드 전략 관점만이 아닌 사업 관점에서, 현업에서 어떻게 활용할 수 있는지 고민한 거죠. 클라이언트의 사업에 도움이 되는 전략을 제안하면서 많은 고객들에게 인정받았습니다.

**Q. 브랜드 테크 회사를 창업하게 된 계기는 무엇인가요?**

2015년쯤에 창업한 지인과 클라이언트들의 이야기를 들을 기회가 있었어요. 살펴보니 스타트업에서는 브랜드 컨설팅에 100만 원을 쓰기도 어렵더라고요. 실제로 인터브랜드를 비롯해 대형 브랜드 컨설팅 회사의 고객은 글로벌 기업, 국내 대기업이 대부분이었습니다. 저와 비슷하게 대기업에서 근무하다가 인터브랜드에 합류했고, 당시 스타트업 CBO로 근무 중이던 우승우 공동 대표와 이야기를 나누다가 "브랜드를 꼭 대기업만 활용 가능한 자산이 아니라 스타트업과 소상공인들도 브랜딩의 혜택을 누릴 수 있도록 '브랜드 민주화'를 이끌어가는 기업을 만들어보자, 스타트업들이 브랜드의 주도권을 남에게 맡기지 말고 그들이 직접 할 수 있는 기반을 만들어 보자"라는 생각에 동감해 더.워터멜론을 창업했습니다.

**Q. 더.워터멜론의 사업 영역은 브랜드 컨설팅, Be my B 커뮤니티, 온라인 브랜드 개발 플랫폼인 아보카도, 이렇게 크게 세 분야라고 들었습니다. 브랜드 컨설팅에 더.워터멜론만의 차별화 포인트가 있다고요.**

브랜드 컨설팅은 두 공동 창업자가 가장 잘해왔던 영역이기 때문에 기본 수익모델이자 더.워터멜론의 브랜드 전문성을 보여주는 분야입니다. 브랜드 컨설팅을 하다 보니 기존의 전통적인 브랜드 컨설팅 회사들이 채워주지 못했던 고객들의 새로운 니즈를 발견했어요. 과거 브랜드 컨설팅을 받은 대기업 클라이언트들은 컨설팅 내용을 실제 현업에 적용하기 위해 광고대행사 등에 발주를 주었습니다. 하지만 광고대행사는 브랜드 전략을 세운 주체가 아니기 때문에 컨설팅 내용을 70% 정도 이해하고 진행해요. 그러면 소비자는 원래 전략의 50%도 받아들이지 못하고요. 이런 현상은 과거 TV 광고 시절에는 어느 정도 괜찮았습니다. 하지만 요즘은 디지털 마케팅으로 여러 접점이 생겼고, 그 지점들을 여러 대행사에 맡기다 보면 특정 접점에서는 원래 세웠던 브랜드 전략과 전혀 동떨어진 결과가 나오는 상황을 종종 볼 수 있지요. 그래서 클라이언트들이 디지털 실행을 잘할 수 있는 대행사를 추천해달라고 하다가, 나중에는 우리에게 실행도 같이 해달라고 요청했습니다. 탄탄한 브랜드 전략 수립과 실행을 한 회사와 같이 하고 싶다는 니즈를 발견한 거죠.

그때부터 단순히 브랜드 전략만 만드는 게 아니라 실행도 함께 하는 방향으로 나아가고 있는데요. 이를 위해 디지털 커뮤니케이션 전문가인 송창열 대표를 영입해 공동 대표 체계로 별도 법인 더워터멜론TWC를 설립했습니다. 클라이언트에게 브랜드 전략부터 실행 아이디어까지 같이 제안하고, 클라이언트가 전략에 동의하면 그 다음에는 실행까지 직접 수행할 수 있는 회사를 만들어 빠르게 성장하고 있습니다.

**Q. Be my B 커뮤니티에 관한 이야기도 궁금합니다. 홈페이지에 가보니 '브랜드 경험 플랫폼'이라고 적혀 있더군요.**

Be my B는 약 6000명의 회원이 가입한 국내 최대의 브랜드 커뮤니티입니다. '브랜드 살롱'이라는 컨셉으로 2017년 3월에 시작했고요, 초반에는 B로 시작하는 키워드를 주제로 브랜드 관점에서 토론하는 형태였어요. 2020년 3월부터는 모임을 유료 멤버십 형태로 전환하면서, 특정 주제를 정하고 이에 해당하는 브랜드를 선정해 몇 달간 이야기 나누는 형태로 운영하고 있습니다. 마케터, 기획자, 콘텐츠업 종사자들이 많지만 스타트업 대표, 창업가 등 브랜드에 관심을 갖는 다양한 분들이 모이고 있어요. 성수동에 '데어바타테(라틴어로 고구마라는 뜻이라고 합니다)'라는 Be my B 전용 공간을 열었고, 브랜드 콜라보레이션 공간으로 키워나가려고 합니다.

**Q. 더.워터멜론의 세 번째 영역인 아보카도가 인상적입니다. '브랜드의 민주화'라는 슬로건이 잘 드러나는 영역이라고 이해해도 될까요?**

아보카도는 2018년 10월에 론칭한, 시공간의 제약 없이 브랜드를 개발할 수 있는 비대면 온라인 브랜드 개발 플랫폼인데요. 앞서 말씀드렸듯이 브랜드 컨설팅에는 비용이 많이 들기 때문에 스타트업이나 소상공인들은 넘볼 수 없는 영역이었습니다. 브랜드 컨설팅이 왜 이렇게 비쌀까 생각해보니 전문가인 브랜드 컨설턴트가 클라이언트를 직접 만나야 하기 때문이더라고요. 사업 진단, 클라이언트 성향 분석, 디자인 컨셉 도출 등의 프로세스를 비대면으로 바꾸어 이 부분을 집중적으로 해결한 게 아보카도고요.

아보카도 웹사이트에서 브랜드 로고, 네이밍, 패키지 용품, 명함 등 상품을 선택하고 20개 정도의 질문에 답변하면 그걸 기반으로 브랜드 아이덴티티의 핵심 가치를 도출합니다. 이에 매칭된 아보카도 디자이너와 네이미스트들이 다양한 시안을 72시간 내에 고객에

**브랜드 컨설팅**

브랜드 전략에서 실행까지
최적의 솔루션을 제안하는
브랜딩&캠페인
통합 컨설팅 그룹

**브랜드 커뮤니티**

브랜드적인 삶을
지향하는 국내 최대의
브랜드 커뮤니티

**브랜드 플랫폼**

나만의 브랜드를
만들고 싶은 사람들을 위한
온라인 브랜드 개발 플랫폼

게 전달합니다. 콘텐츠 크리에이터 '태용'의 'EO' 리브랜딩, 실시간 당일배송 서비스 플랫폼 '핑퐁' 등이 아보카도를 활용한 대표적인 스타트업들입니다.

**Q. 창업 후 회사를 운영하면서 가장 어려웠던 점은 무엇인가요?**

초창기에는 회사 브랜드의 부재가 크게 느껴지더군요. 인터브랜드 소속 컨설턴트였을 때는 저 자신을 소개할 필요가 없었습니다. 인터브랜드 자체가 전 세계 최고의 브랜드 컨설팅 회사였으니 거기에 속했다는 것으로 제 소개를 대신할 수 있었죠. 그런데 창업을 하니 새로운 고객을 만나서 내가 어떤 사람인지 소개하는 데만 10분이 걸리더군요. 브랜드 자산의 중요성을 체감했어요. 대기업처럼 모든 걸 다 준비한 다음에 사업을 시작할 수 없으니 고객이 기억할 수

  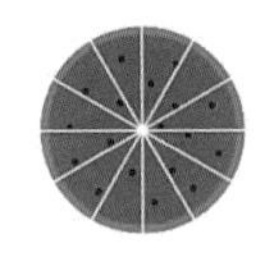 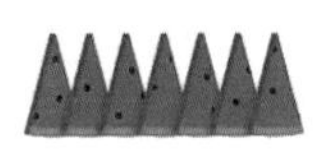 

**Discover unexpencted encounters**

수박을 잘라서
겉과는 다른 속을 발견하고

**Share the brand experience**

여러 조각으로 잘라서
많은 사람들의 경험으로 나누는

**Experience the. WATERMELON**

속 : 온전히, 완전히, 지금 즐김
씨 : 다음을 위한 그 무엇
테 : 선택적, 비강요,
누군가는 언젠가 즐김
피 : 범주, 소속

있는 상징 요소, 스토리, 연결 관점을 만들어 전달하는 게 필요하다고 생각했습니다. 그러다 공동 창업가들이 좋아하는 것 중 교집합인 수박을 찾았는데 우리의 브랜드 비전과 유사하더라고요.

수박의 겉모습은 녹색 구에 검은 줄무늬가 있는데, 사실 껍질 안에는 빨간 과육이 있죠. 이렇게 우연한 마주침, 의외성을 발견하게 해주는 회사가 되자는 우리의 창업 취지와 맞았어요. 또 수박을 쪼개면 수십여 개의 조각이 나오듯이 다양한 브랜드 경험을 많은 이들에게 나누어주는 회사가 될 수 있다는 의미도 좋았습니다. 그래서 더.워터멜론이라는 회사 이름을 짓고 브랜드 스토리를 만들어 회사 브랜딩을 시작했습니다. 여름에 수박을 본 사람들이 수박 사

the. WATERMELON

the. WATERMELON

the. WATERMELON

진을 찍어서 보내주는 등 브랜드 자산이 조금씩 쌓이기 시작했고요. 더.워터멜론도 맨땅에서 회사 브랜딩을 해온 만큼, 스타트업들의 브랜드 컨설팅을 할 때에도 좋은 경험이 되었습니다.

더.워터멜론의 규모가 점점 커지면서는 경영 관리가 가장 힘들었습니다. 대기업에 있을 때는 전혀 신경쓰지 않아도 되었던 회사의 손익 관리, 세무, 회계 등을 직접 해야 했죠. 창업 후 직원이 30여 명이 될 정도로 회사를 키우면서도 경영 관리는 제가 직접 했습니다. 다행히 CJ에서 일했던 경험이 도움이 되었어요. 당시 미국에 조인트 벤처를 설립하여 여러 주(州)에서 초기 사업을 시작할 때 매장의 월 마감과 손익 분석을 직접 정리해 본사에 보고했거든요. 당시에는 내가 이런 일까지 해야 하나 불평했는데, 창업 후 이 경험이 큰 도움이 되었고, 사업가로서 근간을 만들어줬습니다.

**Q. 디지털 시대가 마케터들에게 어떤 변화를 가져왔다고 생각하시나요?**

과거의 마케팅은 ATLabove the line, BTLbelow the line이 명확히 구분되고 별도로 운영되어 해야 할 역할이 분명했습니다. 지금은 디지털 접점이 많아져서 이걸 모두 이해하고 마케팅을 완벽하게 수행하는 게 정말 어렵습니다. 그러다 보니 '그로스 해킹' '퍼포먼스 마케팅' 등 신조어들이 많이 나오는데, 저는 이런 기술들에 집착하는 것은 마케터의 본질과 맞지 않다고 생각합니다. 예를 들어 내가 나이키 매장에서 나이키 에어맥스를 보고 나왔는데, 매장 영업 사원이 계속 따라다니면서 제품을 사라고 강요한다면, 당장 경찰에 신고하겠죠? 근데 온라인에서는 다들 퍼포먼스 마케팅이라는 이름으로, 오프라인에서는 불가능한 걸 온라인에서 억지로 강요한다는 느낌이 듭니다. 최근 애플에서 iOS를 업데이트하면서 고객 데이터 추적에 대한 규제를 강화했고, 대다수의 사용자들이 데이터 추적을 거부하고 있죠. 결국 마케팅의 본질인 브랜드 마케팅 역량이 중요해질 것이라고 봅니다. 그래서 지금 당장 뜨는 기술을 배우는 데 집중하기보다는, 이러한 고객 데이터를 모아놓은 대시보드를 어떻게 활용할 것인지 전략적 마인드를 가지고, 나만의 차별화된 역량을 가졌으면 좋겠습니다.

**Q. 마케팅의 본질, 브랜드 마케팅 역량은 어떻게 키울 수 있을까요?**

저는 늘 '왜 그럴까?'라는 질문과 고민을 많이 합니다. 예를 들어 A브랜드와 B브랜드가 콜라보를 한다면, 왜 그랬을까, 이게 잘 될까 고민해보고, 결과를 예상해보고, 나중에 그 결과를 확인해봅니다. 어떤 마케팅 이슈가 있을 때 그 현상에 대해서 평가하는 건 누구나 할 수 있습니다. 하지만 진짜 고수들은 현상보다는 그 원인에 대해서 많이 고민합니다. 예를 들어 몇 년 전에 동부그룹이 DB라는 브랜드로 리뉴얼을 했을 때, 대다수의 마케터들은 새로운 로고와 광고가 촌스럽다며 비판했습니다. 그때 저는 DB의 마케터들도 당연히 멋진 로고로 리브랜딩을 하고 싶었을 텐데 왜 그런 결정을 했을지 배경을 찾아보고 제 나름대로 분석해봤어요.

동부그룹의 사업 구조조정 과정에서 '동부' 브랜드의 소유권이 사모펀드PEF로 넘어갔고, 동부 브랜드 사용료를 내는 것보다는 새로운 브랜드를 만드는 것이 유리하다고 생각했을 것 같더군요. 가장 큰 계열사인 동부화재의 고객은 30~60대 자동차보험 가입자이고, 이들 고객의 주요구매요소Key Buying Factor인 보험사의 신뢰성을 지키기 위해서는 동부화재의 완전한 변신보다는 '동부=DB', 두 브랜드가 같은 회사라는 걸 알게 하는 정인지율을 높이는 게 가장 중요한 전략이었을 것이라고 추정했습니다. 그래서 멋진 브랜드 로고와 광고로 변신을 알리는 것보다는 다소 촌스럽더라도 인지도를 높일 수 있는 로고와 광고를 집행했을 것이라는 저 나름의 결론을 내려봤습니다. 물론 이런 의도가 맞는지는 확인할 방법이 없지만 결론 그 자체보다 결론에 도달하는 사고의 과정을 경험하며 겉모습보다는 브랜드 전략, 마케팅의 'Why'를 고민하고 정리해보는 연습을 많이 해보시길 추천합니다.

**Q. 마케터를 꿈꾸는 학생, 주니어 마케터에게 조언 한마디 해주세요.**

저자와 비슷하게, 마케터로 시작해서 평생 마케팅 업무만 하는 것보다는 영업, 사업개발 등 다양한 직무를 모두 경험해보라는 조언을 드리고 싶습니다. 저 역시 CJ에서 사업기획, 신사업개발 업무로 직장 생활을 시작했고 새로운 브랜드를 여럿 론칭하는 과정에서 '사업 전략이 곧 브랜드 전략이다'라는 생각을 굳혔습니다. 그래서 더.워터멜론 창업 후에도 하루하루 살아남는 게 과제인 스타트업들의 브랜드 컨설팅을 많이 진행하면서, 그들의 사업에 실질적으로 도움을 주는 브랜드 전략을 늘 제안했고요. 여러분 역시 마케팅에 국한된 시야가 아닌, 사업 전체를 보는 관점에서 마케팅을 하시길 바랍니다.

창업을 꿈꾸는 분들을 위한 조언도 드리고 싶어요. 제가 창업한 상황을 야구 팬의 입장에서 설명하자면, 3대 2로 지고 있는 9회말 이사만루인 상황이라고 가정해볼게요. 저는 끝내기 안타나 홈런을 칠 확신은 없었지만, 공을 끊임없이 컨택해서 파울을 쳐내며 아웃을 당하지 않을 자신은 있었습니다. 제가 ATL, 디지털 등 특정 영역의 전문 마케터였다면 창업을 하기 어려웠을 겁니다. 하지만 사업개발 등 다양한 직무와 다양한 업종의 경험을 바탕으로 고객 접점의 일을 해왔기에, 창업을 해도 어느 정도 생존과 성공 가능성이 있다고 판단했습니다. 여러분이 창업을 해서 대박이 나기는 어렵더라도, 여러분의 경험과 전문성이 있는 영역에서 아웃 당하지 않을 자신이 있다면 창업도 검토해보시길 권합니다.

# 마케터블

**초판1쇄 발행** 2021년 10월 15일

**지은이** 진민규

**펴낸이** 권정희
**책임편집** 이은규
**편집팀** 강현호
**마케팅팀** 박선영
**디자인팀** 김경미

**펴낸곳** ㈜북스톤
**주소** 서울특별시 성동구 연무장7길 11, 8층
**대표전화** 02-6463-7000
**팩스** 02-6499-1706
**이메일** info@book-stone.co.kr
**출판등록** 2015년 1월 2일 제2018-000078호



**ISBN** 979-11-91211-47-4 (03320)